新 潮 文 庫

ひらがなでよめばわかる日本語

中 西　進 著

新 潮 社 版

8455

この本を読む人のために

日本人ほど自国論が好きな人はいない――。そういって、やや皮肉な笑いを浮かべる人は少なくありません。世上には日本人論があふれているからです。

しかし自国を見つめるのに、遠慮はいりません。日本人が日本人とは何かを真剣に考え、これからの多様な世界文化に貢献することは、むしろ大事なことです。

さてその時、最も確実に手がかりとなるのは、ことばです。人間はことばで考え、ことばで表現するからです。ことばがなければ、存在はないと思ってよいのです。

それでは、さあ知っていることばを洗いざらい取り上げて、日本人の正体をつきとめよう、ということでよいかというと、じつはそれは正しくありません。日本は歴史始まって以来、たくさんの外国語を受容してきたので、それらをごちゃまぜにして考えてみても、日本人の基本の考えは、出てこないからです。

日本人は「あいまい（曖昧）」だ、という命題がいい例でしょう。「あいまい」というのは中国からの外来語ですから、本来の日本人とは無縁のものでした。もともと、「あいまい」という概念は日本人になかったのです。

そこで必要なことは、基本の日本語に限定して、日本人の思考や感情を考えることから始めること、そして、その上に新たに加わってきた外国語によって、日本人の特性が拡《ひろ》がったり、変化したりした跡を確かめることです。

この書物は、そうした方針に沿って、基本の日本語を考察し、そのことで日本人の思考や感情の根本のところを見きわめようとしたものです。

今日、私たちは漢字とかなを交えてことばを書きます。その時の漢字とは中国からの借り物ですから、漢字で日本語を表現した瞬間に、もう日本人古来の考えからずれてしまいます。なかには漢字のあて字というものまであって、まったく違う意味になってしまうものもあるのです。反対に、かなで書けばことはすむのかというと、さっきの「あいまい」のように、本来、漢語のものもある。

だからこそ、基本の日本語で考えようということになるのですが、それは、いわゆる「やまとことば」です。学校で音と訓の区別を習ったと思いますが、その訓が、ほぼ「やまとことば」です。

そもそもの日本人の心を知るために、まず漢字を取り払ってみましょう。「は」とは、歯でも葉でも端でもあるのですから、「漢字で書くと別だ」という考えを捨ててほしいのです。

次に、訓と思われるもののなかにも外国語があるので、それも除きましょう。「梅」は、音がバイ、訓がウメといっても、ウメはバイの訛《なま》ったものだから、ともに中国語なのです。

また、「やまとことば」でも、新しくできたことばもあります。女性のお化粧については、「化粧」という中国語のほうが早く輸入され、やがて「やまとことば」の「けはひ（けわい）」ということばができました。それでは、「化粧」輸入以前の女性はお化粧しなかったのかというと、「よそほふ（よそおう）」といいました。「よそほふ」に、仮装のような要素を敏感に感じ取った読者は立派で、本来、お化粧という行為が魔除《まよ》けだったことも、この語は含んでいるのです。魔除けが美装になったうえで、「やまとことば」が誕生するという次第です。

さて、こうしてみると、日本人本来の心がいかに豊かだったかがよくわかります。また今日、自然科学的に認知されたことを、千年も前にやっていたこともわかって、びっくりします。

そしてまた、今日――ということは、近代ヨーロッパ人の考えを基準とする時代ということですが、今日の思考と、はなはだしく違っている点にも気づきます。

先ほど、「は」は歯で葉で端だといいましたが、今日ではそれぞれ別物です。ところが、古代の日本人は同じものと考えたのだから、非科学的だ！　といって怒る方もいるかもしれません。

しかしそうではない。同じ立場や役割をもつものを一つの単語でよび、ものとして、形態が違っていても区別しない、という考え方なのです。とかく、ものを分解したがる現代人にとってはびっくりするでしょうが、大事な考えではないでしょうか。

その点も含めて、本書を読まれる方々は、十分に挑発され、知の跳梁《ちょうりょう》を求められるでしょう。どうか、そうしてほしいと願います。その結果、日本人の知のダイナミズムが見えてくるのですから。

目次

ひらがなでよめばわかる　自然界から生まれたことば

もう一度考えたい　たましいと対話することば

知っていますか　日本人の考え方がわかることば

誤解していませんか　日本語の基本ルール

ひらがなでよめばわかる日本語

ひらがなでよめばわかる
自然界から生まれたことば

第一章　体のパーツ、なぜこうよぶの？

め　みみ　はな

最初に、人間の体の話から入りましょう。私たちの、体の部分部分には、どうしてこのような名前が付いているのでしょうか。

顔には、目があって鼻がありますが、なぜ、目を「め」、鼻を「はな」、耳を「みみ」というのか。さらに歯を「は」、頬を「ほほ」、額を「ひたい」とよぶのはどうしてでしょうか。

「め」「はな」「みみ」と、ひらがなでよくよく見てみると、身近にある、何かと似ていることがわかります。植物です。芽、花、実、すべてがある。目は「芽が出る」の「芽」、鼻は「花が咲く」の「花」と同じ音。では耳はどうかというと、「実がなる」

の「実」が二つくっついている。そういえば、耳は二つありますね。それから「歯」は「葉」と同じ音でしょう。

つまり、顔の中になぜか、植物の生長過程あるいは部分の名前が入っている。これはおもしろい偶然の一致だと思ってきたのですが、どうも偶然ではなく、根拠のあることだと思うようになりました。

まず、目はものを認識する器官ですね。そして耳は情報を受容する器官です。たとえば、蛇が人間に毒を吹きかける時、狙《ねら》うのは耳ではなくて目です。目をつぶせば、勝負に勝てるからです。

視覚・聴覚・触覚など、生き物の感覚機能はたくさんありますが、その第一は視覚です。視覚から得る情報は、感覚器官全体の過半数に達するといいます。私たちは、まず目で見ることからものを認識します。つまり、目で見ることは最も基本の動作であり、最後に耳で受容することによって、認識のプロセスが完結するのです。

目が認識の基本であり、耳が認識の完了であることは、賢いという意味の「聡明《そうめい》」ということばがあることからもわかります。

また、「きく」が「聞く」と同時に「利く《き》」であることからも、耳の重要性が知られるでしょう。腕が「きく」ことと、耳で「きく」こととは、そうした同じような能力を表わしています。それは、「お聞きになる」ということばの古語「きこしめす」が、「支配する。受容する」という意味をもっていることからも、類推できます。

このように考えていくと、植物のいちばん最初の生長段階である芽の発音が、目にネーミングされていてもおかしくはない。まず芽（目）があって、花（鼻）が咲く。そして、末端の「は」、つまり「端《は》」に葉（歯）が出て、成熟した存在である実（耳）で完結するというプロセスを考えると、どうして目を「め」というのか、耳を「みみ」というのか、よくわかると思います。

ところで鼻というのは、顔の真ん中に突き出ていて、呼吸をつかさどる重要な器官です。人間は呼吸することで生きているわけですから、鼻は、生命活動のなかでは最も優先的な、命の根源、いわば「トップ」の存在です。

そういうものが「はな」。植物の枝先に咲くのも「はな（花）」。そして岬の突端のことを「はな」ともいいますね。すべて同じです。いろいろと探してみましょう。たとえば「はなからバカにしている」と怒ったり、「しょっぱな」「上がりばな」「（下駄《げた》の）はなお」といったり……。

漢字では「鼻」「花」「端」と、さまざまに書き分けますが、まずどう発音するのかを考えることが大切です。私たちはつい、どういう漢字を書くのかを気にしがちです。

民俗学者の柳田国男《やなぎたくにお》（一八七五―一九六二）は、「どんな字を書くの」と尋ねることを、「どんな字病」と名づけ、警告しました。

また以上のことは神話からもわかります。太陽の神様や月の神様が目から誕生するのに対し、スサノオノミコトは鼻から生まれています。

七一二年頃に成立した日本最古の歴史書『古事記』には、次のようにあります。

左の御目《みめ》を洗ひたまふ時に成りませる神の名は、天照大御神《あまてらすおほみかみ》。次に右の御目を洗ひたまふ時に成りませる神の名は、月読命《つくよみのみこと》。次に御《み》鼻《はな》を洗ひたまふ時に成りませる神の名は、建速須佐之男命《たけはやすさのをのみこと》。

スサノオノミコトは暴力の神様で、腕力だとか身体的な強さだとか、そういう生命力の象徴だからこそ、目ではなく呼吸器官の鼻から生まれます。この暴力的な神様につけられた「スサノオノミコト」（スサの男神）という名前自体、その猛々《たけだけ》しさを示しています。なぜなら、サ行音は摩擦音ですね。ことに「す」で始まる古いことばには、激しい動作を表わすものが多い。「すさまじ（〔凄まじい〕の古語）」「すごむ（凄む）」などもそうです。どの言語もそうですが、日本語も音のもつ語感から離れられないのです。そういうことに注意して日本語を見ていくと、さまざまな発見があるでしょう。

それにしても鼻という器官は、顔のなかでもとくに動物的で、グロテスクな感じを与えますね。やけに目立つし、忘れられなくなるような存在でもある。そこで、鼻学という学問分野が成立するほどさまざまな考察があるし、古今東西の文芸作品にも、たびたび登場します。ゴーゴリの『鼻』や芥川龍之介《あくたがわりゅうのすけ》の『鼻』など、鼻をテーマにする作家も大勢いる。それはやはり、鼻が肉体的な生命と直結する器官だからでしょう。

芥川龍之介は、自殺する直前に「水洟《みずばな》や　鼻の先だけ　暮れ残る」と書き記しています。これを医者に渡してくれ、と妻に託したあと、二階に上がり自殺しました。「鼻の先だけくれのこる」とは、体は全部死んでしまったけれど、かろうじて息だけはしている、ということです。

鼻は何といってもやはり、生命の源だったのです。

ひたい　ほほ　かお

八世紀に成立した『万葉集』に、おもしろい戯《ざ》れ歌《うた》があります。

吾妹子《わぎもこ》が　ひたひに生《お》ふる　双六《すぐろく》の　牡《ことひ》の牛《うし》の　鞍《くら》の上の瘡《かさ》

うちの女房の額に生えた、双六盤《すごろく》の牡牛《おうし》の鞍の上の腫《は》れもの、とうたう。「ひたひ」とは「ひたい」の古語で、額のことです。つまり、おでこを「ひたい」といったのですが、ここは「ぬか」ともいいます。

深く頭を下げて拝礼することを「ぬかずく（古語は〔ぬかづく〕）」というとおり、「ぬか」とは「おでこ」のこと。

では、「おでこ」には、すでに「ぬか」というよび名があるのに、なぜ、あらためて「ひたい」というのかというと、この部分こそ、ものに対しても人に対しても、真《ま》っ直《す》ぐに向き合う場所だと考えられたからです。

「ひたい」の「ひた」に漢字をあてれば「直」。まっすぐな道を「ひたみち」といいますが、「ひたすら」とか「ひたむき」とか、そういうのが「ひた（直）」です。つまり、相手に向き合うのは、手でも体でもなく、「ひたい」でした。

それほど「ひたい」というのは重要なところです。「ひたい」の内側にあるのは大脳の前頭葉。前頭葉は意思や感情、知能などの働きをつかさどる、人間にとって最も重要な部分です。

古代人は人体解剖をしたわけでもないのに、身体構造に対する認識から「ひたひ（ひたい）」ということばを誕生させたのだと思いついた時、私は驚くとともに、感動を覚えました。

鼻の両側にある、この「ほほ（頰）」ですが、「ほ」は「秀でる」という意味で、「いなほ（稲穂）」の「ほ」と同じです。つまり膨らんでいるからこそ「ほほ」とよばれるので、ぺしゃんこであってはいけないんですね。

「秀でる」という意味の「ほ」を実感するのが、『古事記』の次の歌です。

倭《やまと》は　国のまほろば　たたなづく　青垣《あをかき》　山隠《ごも》れる　倭し　美《うるは》し

（大和《やまと》は、国の中でも最もすばらしいところ。重なり合う青い垣根の山々にこもっている、この大和は何と美しいのだろう……）

東征の果て、三重村《みえのむら》（現在の三重県四日市市采女《うねめ》町のあたり）にたどり着いたヤマトタケルが、能煩野《のぼの》で故郷を偲《しの》んでうたう歌。このあと間もなくしてヤマトタケルは死んでしまいます。

この「まほろば」は、美称《びしょう》の「ま」＋秀でるの「ほ」＋愛称の「ろ」＋接尾語の「ば」で、すばらしい場所をいいます。「まほろば」「ほほ（頬）」「いなほ（稲穂）」の「ほ」は、すべてすぐれたものをいう「秀《ほ》」なのです。

さて、古代人は、どうやら「芽（目）」を出したり「花（鼻）」を咲かせたりしながら「実（耳）」をつけていく「かお（顔・貌）」を、体とは別のものとして考えていたようです。そのとおり「かお」とは、現われる形といった内容をもつことばです。植物の朝顔・夕顔は、朝夕に咲き出すし、「どの顔さげていくんだ」「ちょっと顔を出した」「顔を貸せ」というのも、「顔」で体全体を表わしています。「かお」は、体から独立した、別個の生命体だったのです。

み　からだ　て

今度は、体の話にうつりましょう。

「からだ」は、「から」に接尾語の「だ」がついたことばです。「から」というのは幹のことで、死んだ体の「なきがら（亡骸）」、稲の茎の「いながら（稲幹）」、干した芋の茎の「いもがら（芋幹）」、そういう「から」と同じ。根幹のことですから、「から」

とは、「そのもの」という意味ももちます。

ところで、体のことを、「み（身）」ともよびますが、「からだ」と「み」はどう違うのでしょう。

「み」は、果実の実と発音が同じです。「からだ」が具体的な肉体を指すのに対し、精神的で象徴的な存在を「み」とよぶのです。「からだ」は、それこそ木の幹が伸びて枝が出るように黙っていても成長しますが、「み」は自らの努力なしには成熟していくことがありません。さらに「み」は、努力して経験を積んだ成果として、木の実のように「みのる」ものですから、「からだ」のように、事故やけがで損なわれることはない。

たとえば、よくない行ないから悪い結果が出ることを、「身から出た錆《さび》」とはいうけれど、「体から出た錆」とはいいませんね。ほかにも、「身をもち崩す」「身の上話」という時の「み（身）」は、まさにその人自身の中身を伴いますが、一方、「からだ」は、「体をこわす」「体が丈夫」などと、身体の機能や状態を表わすのに使います。

さて、体からは手足が突き出ています。古代人は、この手足を「えだ」とよびました。木の幹から枝がつんつんと突き出している様子が目に浮かびませんか。

『古事記』におもしろい話があります。

景行天皇《けいこう》が、息子・小碓命《おうすのみこと》（のちのヤマトタケルノミコト）に、「お前の兄の大碓《おおうすの》命《みこと》は近頃、たいせつな朝夕の食事に出てこない。どうしたのか。ちょっと行ってよく教えてこい」と言いつけたのに、何日たっても兄は出てこない。そこで再度、小碓命に尋ねたところ、小碓命はこう答えます。

朝署《あさけ》に廁《かはや》に入りし時、待ち捕へ搤《つか》み批《ひし》ぎて、その枝を引き闕《か》きて、薦《こも》に裹《つつ》みて投げ棄《う》てつ。

「明け方、廁《かわや》に入ったところを捕らえて、つかみつぶし、その手足をもいでバラバラにし、死体を薦に包んで投げ捨てました」という。景行天皇は、そのあまりの猛々《たけだけ》しさを恐れて、東西の賊の征伐を命じられますが、それはともかく、手足とはまさに「えだ」でした。

これが奈良時代あたりになると、「手」「足」と、それぞれをよび分けるようになってきます。しかし「て」というのは、具体的な手を指すだけではなく、長く伸びるものの全般をイメージしていたようです。

たとえば方向を示す時に、「右手」「左手」とか「行く手」などといいますね。それは特定の範囲や場所を指すのではなく、その方向が指し示す、あたり一帯を表わしています。

また、風のことも「て」といいます。疾風のことを「はやて」といい、「はやち」ともよびますが、この「ち」も「て」と同様、長く伸びるもの、つまり風を指しています。岩手県に早池峰山《はやちねさん》という山がありますが、ここは速い風が吹く山だから、「はやちね」という名を付けたのでしょう。

「みち」の「ち」もそうです。尊いものに冠する接頭語「み」をつけたところに、古代人の心が見え隠れするようです。「みち」は、道路という意味だけでなく、「科学の道に進む」など、方面や方向を意味することもありますが、この使い方も「て」とそっくりです。

古語には「道のながて」ということばもあります。これは、遠い道のりの意味で、

君が行く　道のながてを　くりたたね　焼きほろぼさむ　天《あめ》の火もがも
（あなたのいらっしゃる道の、長い道のりをたぐり寄せて畳んで、焼き尽くしてしまうような天の火がほしい）

などと『万葉集』に出てきます。

つめ

「て（手）」とは長く伸びているもの。ではその先についている「つめ（爪）」とは、いったい何なのでしょうか。

これがまた、日本語のよくできているところです。「つめ」とは「おしまい」という意味。いってみれば、端のどんづまりの最後のところ。手の先の末端だから「つめ」とよびます。詰め将棋の「つめ」も、おしまいにしてしまうという意味。橋のたもとも、橋の「つめ」、だから「橋詰」というのです。

住吉《すみのえ》の　をづめに出《い》でて　現《うつつ》にも　おのづますらを　鏡と見つも

『万葉集』に載る田舎人の歌で、住吉（現在の大阪市住吉《すみよし》区あたり）の歌垣《うたがき》に出かけて、自分の妻が鏡のように、きらきらと美しく見えたことよ、という。「をづめ」の「を」は接頭語、「つめ」は橋のたもとのこと。古代、橋のたもとは、男女が寄り集まって歌の掛け合いや舞いをする、求愛や求婚の場でもありました。これを「をづめの遊び」ともいいます。この「つめ」と、指先の爪とは、同じ「つめ」です。

日本語は、母音を変化させながら、新しいことばを生んでいきます。「つめ」もまた、「つま」へと変化します。爪音、爪先を「つまおと」「つまさき」といいますね。「つめ」が動詞になったものが「つまる」と「つめる」です。「行き詰まる」や、さっきの「詰め将棋」「すし詰め」がそれ。ついでながら、おもしろいことに、ヤクザの世界には「指をつめる」ということばがありますね。ついでながら、おもしろいことに、古代の習俗を知るには二つの方法があります。一つは子どもの世界を研究すること、そしてもう一つは、ヤクザの世界を研究すること。

この二つに、古代の文化が、なぜかよく残っているのです。

古くからの、子どもの遊びだとかおまじないみたいなものが、現代にも残っていますね。たとえば「指切り」。子ども同士が何か約束する時に、互いの小指をからめて「指切った」といいます。あれは、もし嘘《うそ》をついたら指を落とすぞ、ということで、じつはヤクザが「指をつめる」というのと同じです。

なぜ「指切り」と「指をつめる」が同じかというと、指＝命だからです。指は身体的にはほんの一部でありながら、じつは命そのものと考えられていた。ですから、約束を破ったら殺しちゃうぞという、命をかけた誓約の証《あかし》となります。ヤクザが小指を切り落とすのは、単に肉体の一部を失うというだけでなく、死んでお詫《わ》びをするという意味になります。

ところで、指に限らず、一部をもって全体を象徴することを部分象徴といいますが、これは『古事記』の記述にもみられます。スサノオノミコトは、天上で悪さをして追放されるのですが、その時、髭《ひげ》(異本では髪)と爪を切られてしまいます。なぜでしょう。なぜ、切られるのが髭と爪なのでしょうか。

今日、死を判定する時の条件は、瞳孔《どうこう》が開くこと、呼吸が止まること、脈がないことの三つだとされます。でも、その後でも髭と爪は伸びる。だからこそ髭・爪=命となる。それを切られたスサノオは、命を絶たれたも同然です。古代人は、命を絶つとか、最終的な生命力を落とすというのがどういうことか、よくわかっていたのですね。

今の若い人にはピンとこないかもしれませんが、ひと昔前、「金ボタン」といえば学生のことでした。学生は必ず、金ボタンの付いた制服を着ていたから、「金ボタン」ということばが学生の象徴でした。また、「角帽」といえば、大学の学生を指しました。ある一つのことばだけで、何を意味しているのかすぐわかる、これが部分象徴です。

もっとも「部分象徴」というのは現代の用語で、本来の「象徴」とは、ちょっと意味が違います。「象徴」は、英語では「シンボル（symbol）」。「シン（sym）」とは「共に」という意味で、「シンメトリー（symmetry）」「シンフォニー（symphony）」「シンパシー（sympathy）」などのことばがあります。ところが「シンボル」はラテン語で、割り符を意味します。

しかし、現代では「鳩《はと》は平和の象徴」とか、「天皇は国家の象徴」とか、全然違うものをもって何かの象徴にしますね。これは、本来的な象徴とは意味合いが異なってきています。文芸的な技巧として近代人が考えた象徴の概念です。

古代の部分象徴では、髭や爪が体を象徴しているというより、体そのもの、体と同じものととらえられていたのです。

ち　ちち

私たちの体の中には、血が流れています。血がなければ生きていられない。ですから「ち」ということばには、体のほかの名称とは異なる意味深さがあります。

そもそも「ち」とは、不思議な、そして力あるものを指すことばでした。ほかのことばに置き換えるならば、霊格といったような存在です。

たとえば雷のことを「いかづち（いかずち）」といいますが、これは「いか（厳）」＋「づ（の）」＋「ち（霊格）」です。それから大蛇のことを「おろち」という。この「ち」も、蛇に宿る不思議な力を意味しています。そして、私たちの身近にある「ち」が父です。恐ろしく力ある存在、それが「ちち」でした。

また、生けるものの体内をかけめぐる血は、不思議な力の最たるものでした。この「ち」に、「からだ」の「から」、つまり「そのもの」という意味をもつ「から」を結合させたことばが「ちから（力）」です。血は、まさしく生きるパワーであり、そこから古代人はパワーそのものを「ちから」とよびました。じつに自然科学的で、論理的な認識ではありませんか。

先ほど「いかづち」の「ち」について触れましたが、『古事記』に、火の神様カグツチを斬《き》り殺したら、剣の手元から血が飛び散って、雷になったという話があります。「かぐつち」は、輝かしい霊格を意味します。やはり雷は血そのもので、夜空を走る稲光は、天にほとばしる血なのでしょう。

それから乳も「ち」といいました。「ち」が二つ並ぶと「ちち」となる。母乳はまさしく生命を育てるもの。これに血と同じことばが与えられたことに、私は感動を覚えます。

「たらちねの母」といいます。「たらちねの」は母の修飾語（枕詞《まくらことば》）ですが、「たら」というのは「充足をしている」という意味。満ち足りたものが「たる（足る）」です。さらに「ね」は、不動なるもの、動くべからざるもの。木の根も山の嶺《ね》も「ね」です。ですから、充足したお乳を持っている不動なるもの、それが「たらちね」。母というのは、まわりが何といおうと、でーんとしていないとだめなのですね。

「ち」という一音のことばで、血も父も、力も乳も理解できる。日本語というのは、すごいことばだと、私は思うのです。

け

「み（身）」「て（手）」「ち（血）」などの、一音のことばは、日本語のなかでも最も古く、かつ基本的なことばです。身体《からだ》を指すことばに、一音のことばが多いのもそのためです。

たとえば「け」。体を覆《おお》っている毛ですが、この「け」はじつは、ぼんやりと漂うものという意味です。

「けはい」ということばがあります。古語は「けはひ」ですが、後ろについている「はひ」は「延ふ」で、長く続くという意味です。ですから「けはひ」とは、何となく漂っている「け」がだんだんと延びて、こちらに近づいてくる、そういう状態だとわかります。漢字では「気配」と書きますが、「配」はあて字です。

毛も、何となく全身を覆って広がっているもの。だから「け」と名付けたのです。ついでにいえば、髪の毛は「かみのけ」、つまり上のほうにある「け」だから「かみのけ」といいます。「け」の位置を特定しているのです。髪の「かみ」と、上の「かみ」は、「み」の古代の発音が少し違いますが、私は仲間ことばだと思います。

この「け」も、「か」「き」と変化していきます。たとえば「かおり（香り）」の「か」、「きもち」の「き」などがそうですね。「かおり（古語は〈かをり〉）」は、何となくたちこめている匂《にお》いのこと。「かをり」の「をり」は、『日本書紀』（七二〇年成立）に「酒折《さかをり》の宮」とあるように、酒を醸造することをいいます。「か」が醸《かも》し出されることが「かをり」です。

さて、一音のことばの話に戻りますが、背中を「せ」といいます。昔は旦那《だんな》さんのことを「せ」といいました。頼って寄りかかる存在であったことから、「せ」とよんだのでしょう。この「せ」は「そ」と変化して、「そとも（背面）」「そがい（背向。古語は〔そがひ〕背中合わせの意）」ということばを生みます。「せ」に対して、男性が女性をいうことばは「も」です。漢字で書けば「妹」。親愛や尊敬の意を表わす「い」をつけて「いも」ともいいます。「も」というと、やさしく、なごやかな感じがしますね。な行、ま行といった鼻音は、柔らかい響きの音でしょう。日本語はそれぞれの子音に、何らかのイメージが託されています。愛する女性を「も」とよぶのは、やはり女性は愛されるもの、やさしいもの、なごやかなもの、そういう対象であると考えられたからです。

第二章　人の一生は、草木の一生

もえる

人が最も燃える時期、それが青春です。いわば人生の春。「もえる（もゆ）」は火が激しくおこることはもちろん、「燃える恋」のように、情熱の炎が激しくなり、胸が熱くなることもいいます。

草木が春、芽ぐむことも「もえる」といい、「萌える」と書きます。火が盛んにおこるのも、人が盛りの時期を迎えて心が高ぶるのも、草木が新しい生命を育《はぐく》んでいくのも、すべて「もえる」ということばで表現できるのは、偶然ではないのです。

萌えて、そのうち花が咲き、盛りを迎える。そしてやがて、萎《しお》れて枯れていく。そういった草木の軌跡に人の人生がなぞらえられるというのは、おもしろくも不思議なことではありませんか。

さく　さいわい

幸福感というものを、私たちは「さいわい」と表現します。「私は幸いだ」「幸いなことに」などと口にし、上田敏の名訳（『海潮音』）で知られるカール・ブッセの詩にも「やまのあなたの空遠く　幸ひ住むと人のいふ」とあります。さて、その「さいわい」とは、どういう状態を指すのでしょうか。

「さいわい」の古語は「さきはひ」です。なかには「さひはひ」と思っている人もいるようですが、それは間違いです。ついでながら、同じように間違って覚えやすいものに、「ことわり」があります。「断りを入れる」の「ことわり」も、理屈の「理」を書く「ことわり」も、古語は「ことはり」ではなく、「ことわり」です。「道理」とは「こと（事）」を「わる（割る）」（分析する）ことだから「ことわり」となる。このように古語をみていくと、日本語の本来の意味や成り立ちがよく理解できます。

さて、「さきはひ」は「さき」と「はひ」に分かれます。

後半の「はひ」は、ある状態が長く続くこと。先ほどお話しした「けはひ（気配）」、ほかにも「あぢはひ（味わい）」などが思い浮かびますね。「あぢはひ」といえば、単に「味」というのとは違って、長く口の中に残る味をいうでしょう。また、「味のある人だ」というより「あの人は味わいがある」というほうが、何かしら深みが出る。ちなみに延縄《はえなわ》漁業の「延」も、この「はひ」と同じで、網を長く延ばし広げるから、延縄といいます。

では前半の「さき」とは何か。

日本語は発音上母音をかえて、新たなことばを生んでいきます。「さき」のもとは「さく」。「花が咲く」の「さく」です。そしてこれが、「さか」「さき」「さけ」というふうに、変化していきます。「さき」はもちろん、「さく」の名詞形で、「遅咲き」「早咲き」などといいますね。

すると「さきはひ」ということばは、花盛りが長く続く、という意味になる。まさに人間が感じる「さいわい」とは、心のなかに花が咲きあふれてずっと続く状態、それを、日本人は幸せだと感じたということがわかります。

「さいわい」というと、現代人は抽象的に、何となく満たされた気分のように考えるでしょう。

しかし、本来、日本人はきわめて具体的に、花があふれ咲き満ちているような状態を思い浮かべて、それを「さきはひ」と表現した。これが古来、日本人の幸福観だったのです。

日本人の感覚はきわめて具体的です。そもそも幸福観など、抽象的でどういうことをいうのかわかりにくいものと考えがちですが、まさにそれは現代人の悩みです。古代の日本人は、「幸福って何？」と問われると、「心の中に、いっぱい花が咲きあふれているように感じること」とすぐ答えられました。その証《あかし》が「さいわい」という日本語です。

さかり

「花盛り」などの「さかり」もまた、「さか」＋「り」で、「さく」「さいわい」などと関連する、最も勢いのよい状態をいう日本語です。「さかり」とは、まさに花が咲きあふれているピークの状態だと、古代の日本人は考えました。「栄える」の「さか」も同じです。

また、海や湖の中に突き出た、半島より小さな陸地のことを「岬」とよびますが、この「さき」も同じです。突出した状態の陸地だから、「さき」という。単語の頭につく「み」は、「おみくじ」などの「み」と同じで、一種の美称《びしょう》。古代人は、突出したものを尊ぶ気持ちをもっていたのです。

お酒の「さけ」もこの仲間。お酒を飲むと、気持ちが高揚するでしょう。そこにまた幸福感も宿る。生命の充実みたいなものを感じますね。だから酒を、「さけ」とよんだのでしょう。

酒を意味する語には、もっと古いことば「き」があります。「おみき（御神酒）」「しろき（白酒）」「くろき（黒酒）」などという「き」ですが、これは縄文語《じょうもんご》にまで遡《さかのぼ》るのではないでしょうか。

今日、いわゆるやまとことばと考えられているものは、だいたい弥生《やよい》語に発すると思われます。つまり、紀元前三世紀頃から後のことばです。しかしそれ以前にも、日本列島には縄文人が住んでいました。彼らのことばが縄文語です。これが、今日どのように伝えられているかはわかりませんが、やまとことばの根源となることばに残っているのではないかと思われます。

このように、すでに「き」というよび名をもっていた酒に、花が咲くのと同じ「さけ」という名を与えた古代人の感性は、なかなか酒の本質をいいあてていると思いませんか。

さて、「岬」「酒」「咲く」。この三つは、物体としてはまったく別のものです。私たちも別々のことばだと思って使っています。現代の日本語は、それぞれの事物によって、よぶことばを替えますから、これをモノ分類ということができます。これは明解ではあるのですが、本質的な意味がどこかに置き忘れられている。「咲く」と「盛り」には少しも共通性を感じることがないでしょう。

しかし、語の本来の意味まで遡ると、ピークやトップの状態であることにおいて、じつは、すべて等しいということがわかります。

このように、機能・作用・働きによってことばを与えるのが、本来の日本語の性質です。具体的な実感、具体的な認識というものが、ことばを生み出しているのです。

また、「咲く」「酒」「岬」が根っこは同じだと気づかない理由のひとつに、現代人が日本語を音やひらがなではなく、漢字で理解するのがあたり前になっているという現実があります。

中国で生まれた漢字は、多く、字それぞれが意味をもっている、いわゆる意字です。しかし、文字のない日本に漢字が入ってきて、古代人は日本語の音に、どんどん漢字をあてるようになった。そのおかげでひらがなやカタカナが生まれ、私たちの祖先は記録をすることができるようになったのですが、その一方、時がたつにつれて日本語の意味が漢字の意味にとって代わられていくものも出てきました。

たとえば、三重県の中西部に「名張《なばり》」という地名があります。現在は名張市となっていますが、大和《やまと》高原や室生《むろう》火山群に囲まれた盆地で、古くから陸路の要衝として知られた宿場町でした。日本語で「なばる」といえば、隠れるという意味です。山の中に隠れたような、奥深いところだったから「なばり」と名付けられた。本来なら「隠」と書いて「なばり」とよませるのが正しいのです。それを「なばり」という発音にわかりやすく「名張」という字をあてたため、本来の意味が忘れられ、まるで名前が何かを引っ張っているみたいな地名になってしまったのです。

これも、柳田国男《やなぎたくにお》のいう「どんな字病」の一例です。日本語には同音異義語が多く、説明をする時などは、漢字をあてないとわかりにくい。ところが、漢字はそれ自体に明確な意味があるため、あて字として使用されると本来の意味から離れてしまいます。漢字から日本語の意味を考えることをやめて、ひらがなでじっくり考えるようにしたいものです。

なる

日本は「なる」文化だといわれます。

日本を代表する政治学者だった丸山真男《まるやままさお》（一九一四—九六）の説によれば、世界の神話に残る宇宙創生論の根底には、三つの基本動詞があるといいます。その三つとは、「つくる」「うむ」「なる」です。

「つくる」神話は、創造者である神が宇宙をつくったとする、ユダヤ教やキリスト教などにみることができます。また、神々の生殖行為によって宇宙が生まれたとする神話もあり、これは「うむ」神話です。

これらに対し、世界に内在する神秘の力によって宇宙が生まれたとする神話が、「なる」神話です。そして、日本もこの「なる」神話に属するというのが、丸山氏の主張です。

たしかに日本の古代神話には、神が自然をつくるどころか、自然界の霊力によって神なる存在が出現し、神の生殖行為によって国土が生まれたと記されています。丸山氏の論理はここから、「なる」という志向が、日本人の消極性とかかわるという方向にいってしまうのですが、いかがなものでしょう。

この「なる」ということばは、「柿《かき》がなる」「桃がなる」など、実をつけることにも用いられます。営々とした生命活動の結果を、「なる」といったのです。人が生まれるということがらも、同じと考えました。

『日本書紀』にこうあります。

……親無しに　汝生《なれな》りけめや　さす竹の　君はや無き……

親がいないで生まれてきたのだろうか、りっぱな主君はおいでにならないのか、という歌ですが、「なる」は、単に生まれるという意味だけでなく、努力が実を結んで、ある成熟した状態になることをいう場合もあります。それが、「人となる」「人となり」などのことばです。

「なる」はまた、接尾語と結びついて、「なりわい（生業。古語は〔なりはひ〕）」ということばをつくり出しました。人が生きていくために行なう生産活動や仕事のことです。

「なる」とは、自然がもつ力や働きを、人工的に歪《ゆが》めたり抑制したりしないで、むしろ自然のなすがままにすることでその高い生産性を開放しようとする、古代日本人の知恵が生んだ日本語といえます。

このような考え方の背景には、人間の意思を超えたところに、人間よりもっと偉大な、もっと超越的な意思が存在するという認識がありました。何しろ、国を生んだ神様すらも「なる」のですから。

しぬ　しなえる

生命が終わることを「しぬ」といいます。人にも植物にも、生命の軌跡とか循環がありますが、どちらの命も、いきなり絶えて「しぬ」のではありません。本当の死まではさまざまな段階があります。

ふつう、人間の生命活動が終わることを「しぬ」といいます。しかし、植物には、これに対応するものとして、「しなゆ」ということばがあります。これは「しな」＋「ゆ」で、萎《しお》れること。具体的には、水分が少なくなることです。「ゆ」は自然にそうなることを示しますから、人間でいうと、「しぬ」ような状態になることが「しなゆ」です。つまり、人間の死も、萎れる状態だと考えたのですね。

ここからがおもしろいのですが、人間も植物も「しぬ」「しなゆ」が生命の最終段階ではありません。植物は萎れてもまだ死んではいない。みずみずしさのなくなったのが死だったのです。植物は萎れてもまだ死んではいない。水分が少なくなっただけ。最後に「かれる」というプロセスが控えています。これは人も同じ。次に「かれる」が待っているのです。

かれる

植物が「かれる」というのは、水分が「枯れた」、つまり完全に水分が失われてしまった状態です。「かれる」の古語は「かる」。そして「かる」といえば、「枯る」だけでなく「離る」という漢字もあてられます。「離る」と書いて「かる」とよむ。文字どおり、何かが離れて失われることを表わします。

じつは、人の体から魂が離れることを「かる」といい、「離る」と書きます。王朝文学には「あくがる」ということばがよく出てきますが、これは、魂がふらふらと体から抜け出てさまようことをいいます。

人の肉体から魂が離れて失われ、草木からは水分が完全に失われる。それを、古代の日本人はともに「かる」とよび、生命のサイクルの最終段階に位置づけました。

植物も人間も、水分が乏しくなると、まず「しなゆ」「しぬ」。いよいよ水分がなくなると、水分や魂が離れて「かる」といった段階に至る。そうして残された体が「なきがら（亡骸）」です。これこそ生命の死だと古代人は考えたのではないでしょうか。

では、体から離れた魂はどこに行くのか。古代人は、死者の魂は、「ねのくに（根の国）」というところに戻るのだと考えたのです。日本人は、最も古くは「ねのくに」が海上の彼方《かなた》にあると考え、「根の堅洲《かたす》国《くに》」とよびました。そして抜けがらとなった肉体は、草むらに放っておきました。

　葬送を意味する古語に「はふる」ということばがありますが、これはまさに「放る」ことです。「葬」という漢字は、「茻（草むら）」の中に「死」と書く。これは草と草の間に死体を置くこと。漢字とやまとことばで、同じことを指し示しています。

　残念ながら、「はふる」ということばは、「放《はふ》る」「溢《あふ》る」「羽ばたく」など、いろいろ考えられて、正しい意味がわかりません。おそらく、長くて深い語史が、死を扱う行為と関連して存在するのでしょう。何しろ死者を置くと、魂は溢れ、羽ばたいて「ねのくに」へ行ったでしょうから。葬送者はその手伝いをしなければならなかったのです。

　さて、魂がたどりつく「ねのくに」の「ね」は、「たらちね」の「ね」と同様、不動なるものであり、母なる大地でした。

　そして、その大地から、人も植物も「たね（種・胤）」を育《はぐく》み、「め」を出し、「はな」を「さか」せていくのです。

第三章　自然の摂理をつかさどる太陽

ひ

「ひ」とは何でしょう。

私たちが「ひ」と聞いてすぐに思い浮かべるのは、太陽を意味する「日」と、赤く燃えさかる火炎の「火」ですね。この二つは、昔からともに「ひ」とよぶ、仲間のことばでした。

仲間ですから、当時の発音はほんのちょっとだけ違います。それは、「ひ（日）」とよんでいる天上の太陽が、地上に降りてきて明るく照らす「ひ（火）」となる、そんなニュアンスの違いからくるものです。

『古事記』『日本書紀』の国生み神話では、イザナキとイザナミが、オノコロ島をはじめとする島々を生んだ後、さらに海の神、風の神、木の神、山の神、野の神などを生み、そして最後に、イザナミは火の神を生んだため女陰《ほと》を焼かれて死んでしまいます。これも太陽が地上の火になったという神話の系譜を示しているものと思われます。

さて、「ひ」ということばは、さまざまな日本語を生みました。たとえば聖人を意味する「ひじり」。漢字では「聖」と書き、聖なる人だから「ひじり」なのだと、わかった気になるのですが、本来は「日知り」のこと。古代社会では、その日が何の日であるか知っている人が貴いとされました。台風がやってくる季節や田植えの時期がわかる、そういう特別な人こそが「日知り」です。

この「ひ」は「ひる（昼）」ということばを生み、太陽の照っている間をいうのですが、一方、一日、二日と数える「ひ（日）」は、別に「か」とよばれました。今でも、「ふつか（二日）」「みっか（三日）」といいます。

また、一年三六五日の曜日などを記したものを「こよみ（暦）」といいますが、なぜ「こよみ」とよぶのか、もうおわかりですね。もともとの意味を漢字で書けば「日読み」。「かよみ」の転だったのです。

そしてまた、誰でもうなずくのが「ひがし」、方角の東です。古語では「ひむがし」。本居宣長《もとおりのりなが》（一七三〇―一八〇一）は『古事記伝』で「ひ（日）」＋「むか（向）」＋「し」と、このことばを説明しています。ここでいう「し」とは風のこと。「あらし」「つむじ」などの「し」と同じです。「ひがし」については、「にし」とともに、後でまた詳しく説明します。

さらに、「ひ（火）」の母音・iがeになると「へ」、o音に変わると「ほ」となります。こんなことばもそうなのかと驚くのが、「へっつい」です。「へっつい」とは何かといえば、竈《かまど》のことです。

なぜ竈の「へっつい」が「ひ」に関係してくるのでしょうか。竈は火を使うところですね。「へっつい」の「へ」も「ひ（火）」から生まれたことばです。

竪穴《たてあな》式住居などを見ますと、家の中心に火を焚《た》く場所を置いて、建物がつくられています。それが土間の奥の竈となり、やがて囲炉裏《いろり》になったり、長火鉢《ながひばち》になったりもしましたが、火のあるところというのは、つねに人の集まるところでした。いつの時代にも、「へっつい」が家の中心、最も重要な場所だったのです。ヨーロッパの家にある暖炉もそうですね。

今の若い人に、家の数をどう数えるかと尋ねれば、一軒二軒と答えるでしょう。しかし、昔の人は「ひとへ」「ふたへ」と数えました。竈の数で家を数えたのです。竈は家の中心であり、一軒に一つと決まっていました。

今流行の二世帯住宅では、一つの家に台所が二つあったりしますが、古代からずっと、家族というのは同じ釜《かま》の飯を食べるものだった。一つの竈を中心とした家に暮らしてこそ家族なのだと、私は思います。

火に関連することばで「ほ」の付くものといえば、「ほのお（炎）」があります。「ほのお」の古語は「ほのほ」、つまり「ほ（火）＋の＋ほ（秀）」。最後の「ほ（秀）」は、「ほほ（頬）」の「ほ」と同じで、突き出たとか膨らんだという意味をもち、「ほのほ（炎）」とは、火の先端という意味になります。

また、霊魂も「ひ」といいました。これも「ひ（日）」などと同じところから出たことばだと考えられます。

そしてここから「ひつぎ」ということばが生まれるのですが、それについては後述することにしましょう。

かがやく

輝くような日差しを浴びて、長い影ができていたのに、突然、日が陰ってきた、などということがあります。

この「かがやく（輝く）」「かげ（影）」「かげる（陰る）」を、今日の日本人は、ことばとしてまったく別のものだと認識しています。しかし本来、「かげ」や「かげる」と同じ語に根ざしたことばです。

「かがやく」ということばを国語辞典で調べると、眩《まぶ》しいくらいに光る状態だとある。しかし、光って明るい状態をいうには、「てる（照る）」ということばもあります。では「てる」と「かがやく」とはどこがどう違うのでしょう。

答えを先にいってしまうと、「てる」が明るい状態を保ち続けるのに対し、「かがやく」は明滅する。だからこそ眩しいのです。暗くなったり明るくなったりしながら、光がきらきら変化する、それが「かがやく」です。

「かがやく」と似た意味をもつことばに、「かがよう（古語は〔かがよふ〕）」があります。きらきら煌《きら》めくという意味。これは、明らかに光の明滅のことです。この「かがよう」の「かが」は、「かげ」や、「かがみ（鏡）」の「かが」、「かぎろい（陽炎。古語は〔かぎろひ〕）」の「かぎ」などと同じことばです。「かぎろい」とは光や炎が揺らめく様子をいいますが、揺らめいて見えるのは光の屈折によるものですから、これも明滅を意味します。

「かぐや姫」の話は、みなさんご存じですね。竹の節から生まれた絶世の美女・かぐや姫が、帝《みかど》をはじめ数々の男の求婚を拒み、最後は天へと昇った話、『竹取物語』（十世紀前半に成立）は、古今、小説に映画にと親しまれてきました。

　ところで、彼女はなぜ「かぐやひめ」と名付けられたのでしょう。

「かぐ」は、「かがよふ」の語幹「かが」が変化した語です。

かぐや姫の美貌《びぼう》が類《たぐい》ないものであることを耳にした帝が、初めてかぐや姫のもとを訪れた際、かぐや姫は「光満ちてけうらにて」（光あふれて清らかに）座っていましたが、宮中に連れ帰ろうとすると、「きと、影になりぬ」（さっと見えなくなった）とあるとおり、ふっとかき消えてしまいます。そこで、もとにお戻りくださいと願ったところ、また姿を現わしたのでした。一瞬、姿が消え、またもとの光る姿に戻る。これこそ光の明滅ではありませんか。これが「かがよふ」ということです。

　私はまた、大和三山《やまとさんざん》の一つ「かぐやま（香具山）」も、「かがやく」に関係があるのではないかと考えています。香具山は、神のいる高天原《たかまがはら》に通じる山として「あまのかぐやま（天香具山）」ともいわれ、古来、聖なる山とされています。

『伊予国風土記《ふどき》』（逸文《いつぶん》）によれば、天上から落ちた山の一つが伊予国（現在の愛媛県）の聖山となり、もう一つが大和国（現在の奈良県）に落ちて香具山になったといいます。そのとおり、香具山はいかにも上から落としたような平らな山ですが、そんな伝説が生まれたのも大変な聖山ゆえです。

香具山は大和の人にとって、太陽の昇る東の方角にある山で、日の神様である天《あま》照大御神《てらすおおみかみ》の、天《あま》の岩戸《いわと》神話にもその名が登場します。このように、香具山は日と深いかかわりのある山です。そこでは、火祭りも行なわれたでしょう。そこで、「かぐやま」と名付けられたのではないかと思います。

一方、「かげる（陰る）」は、何かに光線が遮られて暗くなること。その暗くなる部分を「かげ」といい、「影」「陰」「蔭」などと書き分けますが、基本的な意味は、光によって浮かび上がるものの姿です。

このように、光と影が一対のものであることを古代人はよく認識し、そこから「かがやく」「かげ」といったことばを生み出していったのです。

ひがし　にし

やまとことばの「みぎ（右）」は「みなみ（南）」を意味し、「ひだり（左）」は「きた（北）」を意味するといわれています。

そのように、体の右を南に、左を北に向けると、東が正面になります。つまり、東に向いて立つのが、自然な身体方位です。

英語では、オリエント（orient）は「東洋」、オリエンテーション（orientation）は「方向づけをすること」という意味になりますね。

東は太陽の昇る方角です。ですから東へ向かって歩くことは、人間の自然な行動、いわば本能にもとづくものといえます。

ラテン語のことわざにも「人間は東に向かって歩く」とあるといいます。ミレーの傑作「種まく人」は東に歩いていて、反対に「落ち穂拾い」は西に対しているという説もあり、それほど方位は人間の営みを支配しています。

また、『万葉集』では東のことを「日の経《たて》」とよびます。太陽軸が基準となっているのです。一方、『日本書紀』では東西のことを、「日の縦《たたし》」とよぶ。これは太陽の方角をいうのでしょう。

体が東に向く一方、西に向くものは何か。それが心です。そこから落日信仰などが生まれます。サンセット・ポイント（sunset point）とよばれる、落日が美しい名所は世界中、至るところにありますが、おそらくその昔、落日を拝する場所だったのでしょう。

なぜ落日を拝したかというと、日の沈む西の方角に聖地があると考えられたからです。たとえば、仏教の西方浄土信仰がそうです。落日を拝んで浄土を想《おも》い、悟りに達する日想観《にっそうかん》もその一つです。

また、中国では、天界を支配し不老不死を誇る西王母《せいおうぼ》は、西極《せいきょく》の神山である崑崙山《こんろんさん》に住むとされました。

これは西欧でも同様で、ケルト人の考えた楽土「常若《とこわか》の国（ティル・ナ・ノグ）」も西にある。ケルトの神話は、一年中果実が実り、人々はいつまでも若く美しい「常若の国」が、アイルランドの遥《はる》か西方にあると伝えています。また、シュメール人のギルガメシュ伝説にも、遠く西の彼方《かなた》の泉の水を汲《く》むと、生命がよみがえるとあります。

人々はみな、煌《きら》めきながら西方に消えていく落日の果てに、永遠の楽土を夢見ていたのでしょう。

はる　ふゆ

人間の営みと深いかかわりをもつものに、太陽の動きをもとにした一年のサイクル、四季があります。

『万葉集』に季節の推移をうたった歌があります。

春はもえ　夏は緑に　紅《くれなゐ》の　斑《まだら》に見ゆる　秋の山かも

四季の移ろいの美をうたいあげた、すばらしい歌です。

草木が芽吹くのを「もえる（萌える）」といい、人生の春も「もえる（燃える）」もの。では、生物界がもえる「はる」とは、どういうことばでしょうか。

『万葉集』に、その手がかりとなる歌があります。

冬ごもり　春さり来れば　鳴かざりし　鳥も来鳴《きな》きぬ　咲かざりし　花も咲けれど　山を茂《も》み　入りても取らず　草深み　取りても見ず　秋山の　木《こ》の葉を見ては　黄葉《もみち》をば　取りてそしのふ　青きをば　置きてそ歎《なげ》く　そこし恨めし　秋山われは

冬がすぎて春がやってくると、今まで鳴かなかった鳥も来て鳴く。咲かなかった花も咲く。しかし山は茂り草も深く、手に取ることはできない。一方、秋山の黄葉を見るにつけ、手に取っては賞美し、青い葉を措《お》いては嘆く。そこに思わず恨めしさを覚える、そんな心ときめく秋山がよい、という歌です。天智《てんち》天皇が、春と秋、どちらが趣深いかと尋ねたところ、額田王《ぬかたのおおきみ》が判定した歌だと、詞書《ことばがき》にあります。

「冬ごもり」とは、春に続く修飾のことばです。「冬ごもり」というと、私たちは寒い冬の間、動物が活動を控えたり、人が家に閉じこもったりする「冬籠《ごも》り」をイメージしますが、ここの「こもる」とは「隠れてしまう」という意味。「冬隠り」とは冬が隠れてしまうことで、英語でいえば、まさに"Winter is over"です。

「冬ごもり　春さり来れば」と続く歌は、ほかにもあります。

冬ごもり　春さり来れば　あしひきの　山にも野にも　うぐひす鳴くも

冬ごもり　春さり来れば　朝《あした》には　白露《しらつゆ》置き　夕《ゆふへ》には　霞《かすみ》たなびく　風の吹く
木末《こぬれ》が下《した》に　うぐひすなくも

これらの歌に共通する感覚は、陰鬱《いんうつ》に覆《おお》われていた自然が晴れやかになる、さあっと野山が開けて輝き始める、そういう感じです。私はそのイメージが「はる」につながっていくと思います。

「はる」には、天気がよくなったり晴れ晴れとする「晴る」、芽が膨らんだり強く盛んになったりする「張る」、そして田畑を耕して開く「墾《は》る」などがあります。「晴る」も「墾る」も、明るくなる、見通しがよくなる、そういう意味です。ちなみに、広く平らなところを意味する「はら（原）」も、「はる」の仲間だといわれています。そして「張る」も盛んになってくるという意味をもちます。

一般的に、春は芽が膨らむ、芽が張るから「はる」なのだとされていますが、私は、「張る」「晴る」「墾る」を区別してはいけないと思います。冬が去って春がくると、空が明るく晴れ、心は昂揚《こうよう》し、草木は芽ぐみ、身体活動は盛んになる。そういう時期を「はる」と名付けた、と考えるほうが自然ではないでしょうか。

「はる」はまた、「はらう（祓う。古語は（はらふ））」ということばとも関係があります。「はらふ」は、「はる」に「ふ」が付いたことばです。「おはらひ（お祓い）」は、悪いものを取り除いてきれいにすること。まさに、冬が取り払われてやってくるのが、「はる」です。

春は新しい年が始まる大きな区切りでもあります。「はる」は、今まで述べたさまざまな可能性も含めて解釈すべきことばだと思います。

一方、「冬」は、なぜ「ふゆ」というのか。冬は寒くて冷える、「ひゆ（冷ゆ）」の季節です。震えるほど寒いことから、「ふゆ（振ゆ）」でもあります。

あき　なつ

秋は収穫の季節です。十分に食べることができる。だから、充足するという意味で、秋は「あき（飽き）」と名付けられました。

もっとも、「あき（飽き）」にもよい面と悪い面とがあります。満ち足りるという面と、十分すぎてもういらないという面と。つまり、要求を満たそう満たそうとして、いっぱいになると、もうこれ以上はいらない、もう飽きた、となります。

「あき」は広がりのあることばで、「あきらか（明らか）にする」とか「あきらめる（諦める）」などのことばも、「秋」「飽き」の仲間です。

「あきらかにする」という時、「明」という漢字をあてますね。これは、すべてが完全に、十分クリアになることです。これに関連することばが、「あける」「あく」です。ものをどかして空間をつくることを、「あける」といいます。覆っていたものがなくなって、そこが明らかになる。「夜が明ける」などが、まさにそうですね。

では「あきらめる」とは何か。これも、ものごとの状態を明らかにするよう、十分に努力をし、もうこれ以上はできないというところでやめる。それが「あきらめる」なのですね。「諦」という漢字をあててしまったことで、本来の意味がわかりにくくなっていますが、「あきらめる」には本来、今日使われているような、「もうしようがないや」とものごとを投げ出すような、ネガティブなイメージはありませんでした。

おもしろいことに、英語の「ギブ・アップ（give up）」も同じです。「ギブ」を「アップ」する。あることを成し遂げるため八方手を尽くし、「ギブ」していく。そして、もうこれ以上「ギブ」できないところまできて、「アップ」する。そういうふうに考えれば、ただ「降参する」のではなく、「十分」という意味が生きてくるでしょう。

日本語の「あきらめる」も、英語の「ギブ・アップ」も、今日使われているようなネガティブなことばではなく、もっとポジティブな意味をもっているのです。単に努力の放棄ではない。努力に努力を重ねた結果、もう十分であるという結論に到達した。それが「ギブ・アップ」であり「あきらめる」ということであると、私たちは考えないといけないのです。そうでないと、英語も日本語も、何か忘れ物をしてしまっている、という気がします。

ところで、農耕社会の一年のサイクルは、大きく春から秋の農繁期と、冬の農閑期との二つに分けられます。「春」は種を播《ま》く時節、「秋」は収穫をする時節。そして、働かない季節が「冬」でした。そしてまた、「春」と「秋」の間にある、ものが成熟して実っていくプロセスが独立して、「夏」という季節が生まれます。

私たちはいま、何の疑問を抱くことなく、四季折々と口にしますが、世界のどの国も四季をもっているかというと、そうではありません。別に熱帯だから冬はないという話ではなく、たとえば古代ギリシャは三季で、夏という季節はなかったとされています。春と秋は農繁期、冬は農閑期という区別です。

日本にも、春、秋、冬の三季で、夏はなかったととれる説があります。ある辞書に、「なつ」ということばは、ウラル・アルタイ語だと記されていますが、そうすると「なつ」ということばが入ってくるまで、日本に「夏」という概念はなかったことになります。しかし私は、春、秋に遅れるとはいえ、夏もずいぶん早くから存在していたのではないかと思っています。

「なつ」の語源ははっきりしませんが、「あつ（熱つ）」が変化したとする説もあります。日本には早くから「春」「夏」「秋」「冬」の四季があったと、そう考えるほうが自然ではないでしょうか。

第四章　天界からのメッセージ

あめ　そら

「あめ」といえば、もちろん雨のことですが、「あめつち」といえば天地を指すように、天のことも「あめ」とよびます。

また、昔は、海のことも「あめ」あるいは「あま」といいました。鮑《あわび》など、魚介類を獲《と》る人を「あま（海人・海女・海士）」というのは、この名残です。この「あま」は「あまひと」、つまり「海の人」の縮まったもので、「あまぞく」という一族もいました。海浜で漁業に従事する人たちのことで、「海族」「海部族」と書きます。

このように、古代の人々は天も雨も、そして海までも全部、一つのものだと考えていましたが、「あめ」が指し示す原初のものは、「天」だったのではないかと思います。

このような考え方は、どうも日本に限ったことではなかったようです。というのも

「宇宙水《うちゆうすい》」という概念を、世界中のさまざまな伝説などに見ることができるからです。

たとえば旧約聖書（創世記）に、深淵《しんえん》の源と天の窓が開かれ、そこから雨が地上に降り注ぎ、その雨は四十日四十夜も続いた。そこで、ノアは方舟《はこぶね》に家族や生き物を乗せ、人々は船出をしたという、有名な話がありますね。古代のヘブライ人やユダヤ人も、天上が水の世界だと考えていたことがわかります。インド最古の聖典「リグ・ベーダ」のなかでも、宇宙は水であり、創造神は太初の原水から生まれたとあります。また、アフリカのニジェール川近くのドゴン族の神話では、最初のアンマという神様が、ノンモという鯰《なまず》の神を生むのですが、ノンモとは「飲ませるもの」という意味で、何を飲ませるのかというと、生命力の根源としての生命水を飲ませるのです。また、ネイティブ・アメリカンのナバホ族には、天地の果てに海がある、という内容の歌が現代に伝わっています。

そこで、日本の創世神話はどうだったのかというと、『日本書紀』はこう記します。

古《いにしへ》に天地《あめつち》未《いま》だ剖《わか》れず、陰陽《めを》分《わか》れざりしとき、渾沌《まろか》れたること鶏子《とりのこ》の如《ごと》くして、溟涬《ほのか》にして牙《きざし》を含《ふふ》めり。其《そ》れ清陽《すみあきらか》なるものは、薄靡《たなび》きて天《あめ》と為り、重濁《おもくにご》れるものは、淹滞《つつ》ゐて地《つち》と為るに及びて、精妙《くはしくたへ》なるが合へるは摶《むらが》り易《やす》く、重濁れるが凝りたるは竭《かたま》り難《がた》し。故《かれ》、天先《ま》づ成りて地後《のち》に定る。然《しかう》して後に、神聖《かみ》、其の中に生《あ》れます。故曰《い》はく、開闢《あめつちひら》くる初《はじめ》に、洲壌《くにつち》の浮《うか》れ漂へること、譬《たと》へば游魚《あそぶいを》の水上《みづのうへ》に浮《う》けるが猶《ごと》し。

まるで海のような世界から最初の神が誕生し、国土が生産されていく様子が描かれます。

はかり知れないほど広大な、「あめ（天）」というものが頭上に広がっている。そこからは時おり、水がこぼれ落ちてくる。それを、古代人は「あめ（雨）」とよび、水を漫々と湛《たた》えた海を「あま（海）」、そこに生きる人々を「あま（海人）」とよびました。たしかに、空というのは何だかよくわからない。水のように青く、そこから、時として雨が降ってくる。そこで日本では、天と海に同じ「あめ」「あま」ということばを、与えたのでしょう。

では、「あめ（天）」と「そら（空）」とは、どう違うのでしょうか。

私たちが見上げて目で見えるもの、それは「そら」です。なぜここを「そら」というのかというと、何もないからです。頭上に広がる茫漠《ぼうばく》たる空間。それが何かはわからないけれど、自然に沸き上がる畏《おそ》れ。そのような古代人の思いが、「そら」ということばを生みました。「そらごと（空言）」「そらみみ（空耳）」「そらんずる」などのことばも同類でしょう。

「そら」とは、要するに実《じつ》のないこと、「虚」です。

さて、その空の上を非常に濃密な水域が覆《おお》っていて、そこが「あめ（天）」です。神様というのは何もない「そら」にいるのではなく、「あめ」にある高天原《たかまがはら》に住んでいます。そして、アメノミナカヌシというのが、いちばん偉い神様です。

『古事記』の冒頭に、

天地《あめつち》の初発《はじめ》の時、高天《たかま》の原に成りませる神の名《みな》は、天之《あめの》御中主神《みなかぬしのかみ》。

とあり、まさに「あめ」の「みなか（中心）」にいる「ぬし（主）」です。

では、その「あめ」にいる神々は、どうやって地上に降りてくるかというと、「あめ（天）のいはふね（磐船）」に乗ってやって来ます。「いは」とは、石や岩という意味ではなく、立派な、頑丈なという意味。このように、乗り物が堅牢《けんろう》で立派な「あめのふね」であるのも、天が水域だからこそです。

「あめ」ということばから、古代の世界観にまで話は広がりましたが、これは単に神話や古代の概念にすぎないと、放り出してしまってはつまらない。そういうメンタリティーを、現代に至るまでずっともち続けているのが、私たち日本人です。

さみだれ

今度は、実際に空から降ってくる「雨」について話しましょう。

春に降る雨を「はるさめ（春雨）」、秋に降る雨を「あきさめ（秋雨）」、そして陰暦五月（新暦では六月）に降る雨を「さみだれ（五月雨）」といいます。

「さみだれ」は、さつき（五月）に降るから「さみだれ」というのだろう、とわかったような気になるのですが、あらためて考えると、なぜ雨が「みだれ」なのか、わからなくなりませんか。

「さみだれ」の「さ」は、神聖なもの、尊ぶべきものに冠する接頭語です。五月のよび名である「さつき」も、「さ」が付くことで尊ぶべき月というニュアンスが生まれます。実際、陰暦五月は、農耕民族にとっては田植えが行なわれる、一年で最も大事な時期でした。

さて、『古今和歌集』（九〇五年に成立）を調べてみると、「さみだれの夜」には、人はすべてもの思いにふけっている。つまり「さみだれ」は、もの思いの道具として詠《よ》まれています。『源氏物語』（十一世紀初め頃に成立）の「雨夜の品定め」も、さみだれの頃ですね。光源氏は、さみだれの頃に、たびたび女性のもとを訪れています。

どうも「さみだれ」ということばは、「みだれ」に「さ」が付いたものらしいと思えてきます。神様から与えられた抵抗不可能な乱れ、そういう人間の心を憂鬱《ゆううつ》にさせる雨だからこそ、「さみだれ」と名付けられたのではないかと私は考えます。

「さみだれ」が降るのは陰暦五月ですが、この雨には別の名前もあります。「つゆ」です。「つゆ」に、「梅雨」という漢字をあてるようになるのはかなり後のことで、「つゆ」とはもともと、湿っているという意味です。

梅雨どきは、ずっと雨が降り続く憂鬱きわまりない季節。しかし、農作物などの生育にとっては重要な時期でもある。そのため日本では、梅雨入りも梅雨明けも、国民的行事であるかのようにテレビやラジオで報道されます。

それほどに、深く日本人の心に刻まれてきた雨が「つゆ」ですから、ただ鬱陶しがらないで、その命名のもとを考えていくと、日本人のものの考え方が見えてきます。

さて、「さみだれ」は、人を思い惑わせる雨だといいました。この心の惑いを、平安時代の人々は「もののまぎれ」と表現していました。

「まぎる（紛る）」というのは、AかBかがわからなくなること。何だか精神が錯乱して、正常な判断ができなくなってしまうことをいいます。「もののまぎれ」は、何だかわからないけれども、心がまぎれた状態で、これは平安時代の人々にとっては、恋愛感情のことでした。

恋というのは計算でするものではありません。どうしてだかわからないけれど、好きになってしまった。理性や計算を度外視して焦《こ》がれてしまう。それが恋でしょう。古今東西、小説や映画でも、恋は「まぎれ」るものとして描かれ続けています。「もののまぎれ」に象徴された日本人の恋心は、カラッと乾燥した季節には起こらない。ジメジメした雨の季節に沸き上がってくるのです。

しぐれ　はるさめ

「さみだれ」に対して、「しぐれ（時雨）」という、秋から冬にかけて断続的に降る雨があります。

「しぐれ」のもとのことばは「しぐる」。「しぐる」は「しぐらふ」などと同様、固まっているという意味です。

『平家物語』（十三世紀前半に成立）巻九「木曾最期《きそのさいご》」に「ここにしぐらうてみゆるはたが手やらん」（そこに集まっているのは、誰の軍だろうか）とありますが、この「しぐらうて」の「しぐる」は、多くのものが密集している状態のことです。

つまり、続いては降らないで、時としてまとまって降るから「しぐれ」。その意味をとって「時雨」という漢字をあてたのです。

『万葉集』には、時雨が木の葉を紅葉させるというような歌が出てきます。

春日野《かすがの》に　しぐれ降る見ゆ　明日《あす》よりは　黄葉《もみち》かざさむ　高円《たかまと》の山

（春日野に時雨が降るのが見える。明日からは黄葉を挿頭《かざし》にして遊ぼう、高円の山よ）


現代人は、紅葉という現象について、時雨が降る頃、気温も低下して、葉と茎や枝の間に水分や養分の循環を閉ざす離層ができるため、葉に含まれていた葉緑素が壊れる。その結果として、それまで見えなかったさまざまな色素が浮き出ることが、紅葉や黄葉である――などと科学的に解釈するのですが、古代の人々は違いました。

時雨を降らす天と、地面から生えている草木とは、決して分離独立した存在ではなく、この世の自然はすべてつながっているという考え方から、時雨が紅葉させると、ありのままに信じていたのです。

『万葉集』には、雁《かり》が萩《はぎ》を咲かせるという歌もあります。

雁がねの　初声《はつこゑ》聞きて　咲き出《で》たる　やどの秋萩　見に来《こ》わが背子《せこ》

(雁の初声を聞いて咲き出した、わが家の秋萩を、見に来てください、わが背子よ)

ところで、古典文学作品に最も多く登場する雨は何かといえば、「はるさめ(春雨)」と「しぐれ」です。「さみだれ」よりもずっと多い。この「さみだれ」と「はるさめ」、降る時期が近いため、同じものだと考えられることが多いようですが、じつはまったく違うものです。「はるさめ」は、春が近づく時の雨。ひと雨ごとに春になる、いうならば若い雨のことです。

おもしろいことに、本当の「はるさめ」は京都にしか降らないといいます。春雨は上から降るのじゃない、下から降るといわれる。これは、私が若い頃、大学の授業で金田一春彦《はるひこ》さんから聞いた話ですが、私も京都に来て、ようやくその意味がわかるようになりました。

京都は山に囲まれているでしょう。そうすると、本当に春になると、煙るように雨が都を包みます。上から降り注ぐというようなものではない。何となく、いつの間にか濡《ぬ》れてしまう、そういう雨です。

『月形半平太《つきがたはんぺいた》』では「春雨じゃ濡れて行こう」などといいますが、たしかにこんな雨に傘などさす必要はない。降るのではなく煙るのですから。

みず

水。それは古代の人々にとって、欠くべからざるものであり、また神秘を湛《たた》えたものでした。

水が大量にあるところ、それは「うみ（海）」です。

この「うみ」を昔は「み」ともいいました。「みず（水）」の古語は「みづ」ですが、これも「み」といいました。またもう一つ、一面にあふれることを「みつ（満つ）」ともいいました。

また、「みづ」は「みづみづし（「みずみずしい」の古語）」ということばも生みました。日本国を「みづほのくに（瑞穂《みずほ》の国）」といいますが、この「みづ」は水気を含んで若々しいこと、ひいてはめでたいことに使います。

さて、この水は、どこで誕生するのでしょう。誰でも、洋々と流れる大河を目の前にすると、「この川の水はどこからくるんだろう」と思ったことが、一度はあるのではないでしょうか。こんなに水が絶えまなく流れては、いずれ無くなってしまうのではないか、そのような不思議な思いに駆られたことがあるでしょう。今でも、黄河の源流を遡《さかのぼ》るといったTV番組がよく放送されるように。そしてもちろん、古代人も同じでした。

『古事記』に、こんな話があります。

水戸《みなと》の神であるハヤアキツヒコとハヤアキツヒメが、河と海とを受け持って、水の神様たちを次々に生んだ。まずアワナギ（男）・アワナミ（女）という泡の神様が生まれ、次にツラナギ（男）・ツラナミ（女）という「つら（水面）」の神様が生まれた。そして、その次に、アメノミクマリ（男）とクニノミクマリ（女）が生まれ、最後にアメノクヒザモチ（男）とクニノクヒザモチ（女）が生まれた、という神話です。

ある神様から次々と子どもが生まれてくる、その顔ぶれと順序は、日本のみならず世界の神話学で、とても大事なモチーフとなっています。

Aという神様からBCDという子どもの神様が生まれたとする。すると、そのBCDの神様の名前が、それぞれの能力を表わし、しかもそのすべてがAの神様の能力だという、常套《じようとう》的な語り口となっています。

『古事記』も同様で、ものごとの起源や事象を、ある神様の出生に仮託する。その神様から何の能力をもった子どもが、どの順番で生まれたかを説明することで、根元を遡るストーリーをかたちづくっています。

この神話は、古代人の抱いた不思議を示しています。なぜ川の水は絶えることなく流れているのか、その源はどこにあるのか、人々が抱いた天地自然の不思議や神秘、それを探って体験的に語る、そういう話です。

河口では、川の水と海の水がぶつかって泡立つ、また岩石にも波がぶつかって泡立っている。そこで、泡の神様であるアワナギ・アワナミが生まれます。そこから遡っていくと、やがて平らな水面が続く川になる。そこで、水面の神様であるツラナギとツラナミが生まれます。

さらに川をどこまでも遡っていくと、分水嶺《ぶんすいれい》に至る。それがアメノミクマリとクニノミクマリ、つまり「みくまり（水分）の神」です。

「みくまり」とは何かといえば、水配り、要するに分水嶺です。日本の各所には「みくまり神社」という社がありますが、みな、この神様を祀《まつ》っています。

私は、分水嶺の神様をなぜ祀るのか、ずっと不思議に思っていたのですが、分水嶺を水源と考えることで、理解できるようになりました。

岐阜県の位山《くらいやま》に、ちょうど北と南に分かれる、ここが分水界だというところがあります。北側は日本海に流れ込み、南側は太平洋に流れ込む。古代の人々は、分水嶺こそ水源と考えたに違いない。水がなければ生きていけない、だからこそみくまりの神様を大事に祀ってきたのでしょう。

しかし、その分水嶺を水源と考えたところで、川に水が滔々《とうとう》と流れることは説明できません。

『古事記』の神話では、みくまりの神様の後に、クヒザモチが生まれています。このクヒザモチについて、本居宣長《もとおりのりなが》はこれは「汲《く》みひさご持ちの神」のことだろうと指摘しています。「汲みひさご」とは、ひょうたんを縦半分に割ってつくった、水を汲む道具です。この「汲みひさご」を持つ神様が最後に生まれたのです。

さらに古代人は、汲みひさごを持った神様クヒザモチがどこかから、水を汲んでくると考えました。クヒザモチは、どこから水を汲んでくるのでしょう。ふつう考えれば海なのですが、海水はあまりにしょっぱいから、古代人だって海水ではないと思ったはず。私は、これこそ宇宙水《うちゆうすい》なのではないかと思います。

この大地の周り、空も海も含めてこの世のすべてを満たしている宇宙水という概念を、日本の古代人ももっていたのではないでしょうか。天窓が開きすぎて世界が大洪水になったのだと古代へブライ人が考えたように、この『古事記』の神話も、そのようなグローバルな神話・伝説のなかで解釈すべきものではないかと思うのです。

このクヒザモチは、巨人でしょうね。汲みひさごを持って、遠くまで手をのばして、宇宙水を汲んできて、川に流す。なんとも雄大な発想ではありませんか。

そもそも「みなもと」ということばは、「み（水）」＋「な（の）」＋「もと（本）」で、「みずのもと」、水源を意味します。そのことばを「万物の源」などと使うことからも、古代人が水源というものに対し、どれほど神秘を感じていたかということがわかります。

生命の死とは、枯れることでした。「みずみずしい」身も心も、「みず」が乏しくなると萎《しな》びて枯れて、魂が離れていく。水はまさに命の源でした。

かみなり

古代の人々が畏《おそ》れた自然現象、それが「かみなり」でした。「かみなり」はまさに「神が鳴る」ということばです。雷鳴轟《とどろ》く夜、人々はそれを、神の怒りや何らかの恐ろしい兆《きざ》しだと、考えたに違いありません。

「かみ」ということばについては後に譲るとして、古代の人が「かみなり」をどうとらえていたのか見てみましょう。

『山城国風土記《やましろのくにふどき》』（逸文《いつぶん》）には、賀茂《かも》神社の名の由来について記した箇所に、「かみなり」の神様が出てきます。

カモノタケツノミが、大和国《やまとのくに》の葛城《かずらき》の峰に降りて来て、そこから山代国《やましろのくに》の岡田《おかだ》の賀茂《かも》（京都府相楽郡加茂町の岡田鴨《かも》神社）に移り、山代の川（木津《きづ》川）の流れに乗って下る。葛野《かどの》の川（桂《かつら》川）と賀茂川の合流地点まで来ると、そこから賀茂川を遡り、久我《くが》の北の山麓《さんろく》（久我神社）に鎮座した。以来、その地を「かも」とよぶ、という話です。

カモノタケツノミが最初に降りてきた大和国葛城とは、奈良県の高鴨《たかかも》神社のことです。高鴨神社の祭神はアジスキタカヒコネです。『古事記』にはアジシキタカヒコネといった名でも登場しますが、この神様がじつは雷神です。

『古事記』には、こんなおもしろい話が載っています。

アメワカヒコという神様が死んだ時、義兄で友人でもあるアジシキタカヒコネが弔問にやって来た。二人は大変よく似ていたために、アメワカヒコの父や妻は、死んだものと思っていたアメワカヒコが生きていたと勘違いして、アジシキタカヒコネの手足に取りすがった。すると、アジシキタカヒコネは、親しい友人だからと弔いに来たのに、汚《けが》らわしい死者と間違えるとは何ごとだと怒り、死者を祀《まつ》ってあった喪屋《もや》をポーンと蹴飛《けと》ばして、飛び去っていった。それを見て、妹のタカヒメがうたうには、

天《あめ》なるや　弟棚機《おとたなばた》の　うながせる　玉の御統《みすまる》　御統に　あな玉《だま》はや　み谷　二《ふた》わ
たらす　阿遅志貴高日子根神《あちしきたかひこねのかみ》ぞ

「天なるや弟棚機のうながせる玉の御統」とは、天上の織女が首に懸けている首飾りのこと。アジシキタカヒコネの様子は、キラキラと光る首飾りが、二つの谷に横たわるようだ、とうたいます。キラキラと二つの谷に横たわるものとは、雷にほかなりま

せん。

農耕民族にとって、雷はとても恐ろしい存在でした。「地震・雷・火事・親父《おやじ》」などと言い習わされたように、人間の命や生活を脅《おびや》かし、同時に豊饒《ほうじょう》をもたらす落雷は、ずっと昔から恐れられ、尊ばれてきました。だから、何とか雷神を怒らせないようにと、人々は祈ってきたのです。

雷神信仰は、世界中にその痕跡《こんせき》を見ることができます。人がいちばん古く信仰したのは、雷神ではなかったかとさえ思われます。

紀元前に栄え、古代ローマに滅ぼされたエトルリアの神は、雷神です。また、卍のマークは「かみなり」を表わす世界共通の印です。「雷」という漢字は「雨」に「田」と書きますが、「田」は卍の変化したものです。正しくは「雨」の下に「田」を三つ書きます。卍はインドで仏のマークとなります。ほかにも卍がもとになって雷文という連続模様が生まれ、とくに中国では建築物をはじめ、身の回りのいろいろなものの装飾に用いられるようになりました。

さて、話は『古事記』に戻ります。私は、そのアジシキタカヒコネが雷神であるだけでなく、カモノタケツノミの「かも」ということば自体、雷神を表わすのではないかと考えています。なぜなら、日本には至るところに「かも」の付く地名が残っているからです。「かもやま」、それに「み」を付けて「みかもやま」。そういう地名がたくさんありますね。

「かみ」が「かも」となり、さらに「かめ」に変化したとすれば、あちこちに残る「かめやま」「かめしま」も、亀《かめ》ではなく、雷神信仰にちなむ地名なのではないでしょうか。

いなずま

「かみなり」は、人々にとって畏れの対象である一方、生産にも深くかかわっていました。

「かみなり」がよく起こるのは夏。にわかに天がかき曇り、ざあっと雨が降り始め、「かみなり」が轟き、「いなびかり」が天空を走る。

この「いなびかり」のことを、「いなづま（いなずま）」ともいいますが、なぜそうよぶのでしょうか。漢字で書けば「稲妻」。

「つま」ということばは、古くは夫婦や恋人などのペアの相手のことを指しました。刺身の「つま」も、お刺身のパートナーという意味で同じ。したがって「つま」とは、妻だけでなく、夫のことも指すのです。「いなづま」の「つま」とは夫のことで、文字どおり「稲」の「夫」という意味になります。奥さんが「稲」で、夫が「稲妻」。なぜ稲と稲妻が夫婦なのでしょうか。

雷が落ちると、放電によって空中に充満している窒素《ちつそ》が分解され、通常であれば地中からしか吸収できない養分が、大気中からも吸収できるようになり、農作物はよく実るといいます。実際に、落雷したところで栽培された椎茸《しいたけ》が、非常によく生育することから、この説は科学的に証明されています。

おそらく古代の人々も、落雷が実りを豊かにすると体験的に知っていた。だからこそ、「いなづま」という名を与えたのです。

さて、「いなづま」ということばは、平安時代以降の文献にしか出てきません。それまでは「いなつるび」とよんでいました。「つるぶ」とはセックスをするという意味です。「いなつるび」は、「いなづま」よりずっと直接的に、稲と雷との関係を言いあてたことばでした。

古代中国の文献に、次のような話があります。

雷鳴の轟く晩には、夫婦はセックスをしてはいけない。天の神と地の神との婚姻が行なわれる厳粛な夜だから、身を慎まなくてはならない。これを無視して情交を行なった皇帝が、神の祟《たた》りを受けたというのです。雷鳴が轟く現象は、天の神様「雷」と、大地の豊饒をもたらす神様「稲」との結婚だと、中国でも考えられていたようです。日本でも、『日本霊異記《にほんりょういき》』（八二二年に成立か）に「雷を捉《いかづちとら》ふる縁《えん》」という話があります。

天皇と皇后が閨《ねや》に入っていた。そこへ、それとは知らずに護衛役の小子部栖軽《ちいさこべのすがる》という男が入ってしまった。天皇は恥ずかしがって事を止めた。そこに雷鳴が轟いた。天皇は慌《あわ》てて「雷をつかまえてこい」と難題をふっかけて追い出した。そこで小子部栖軽は、飛鳥《あすか》の豊浦寺《とゆらでら》の近くに落ちていた雷を捕まえて宮殿に運んだところ、天皇の前で雷はパッと光り輝いた。天皇はこれを畏れ、供物《くもつ》とともに雷を落ちた場所に戻した。それから、そこを雷の丘とよぶようになったという。これも雷鳴の夜の交合の話です。

大和という国は雷の多いところです。ここには雷神信仰の元祖である高鴨《たかかも》神社のほかにも、三輪山《みわやま》がある。三輪山の神様は「へみ（蛇）」の姿もとりますが、雷は、たとえば蛇や剣の姿を借りて、現われることがあります。

私は、奈良県でも仕事をしていますが、大和全域にわたって雷神信仰が強い理由が、何となくわかってきた気がします。

もう一度考えたい
たましいと対話することば

第一章　どうして命は尊いのだろう

いきる　いのち

私たちは日頃、「命を大切にしなければならない」「生きていくことこそ大切だ」など何気なく口にします。この「いのち」と「いきる」、どちらも「い」という音で始まっているのは、決して偶然ではありません。「い」で始まることばには、特別な意味があるのです。

「いきる」の古語は「いく」ですが、このなかには一つのことばが隠れています。「息をする」の「いき」です。鼻が「はな」という、いわばトップの存在としての名を与えられているのは、それが呼吸器官であり、とりもなおさず命の根源に結びつくからでした。人間にとって、息をすることは生命活動の基本です。だからこそ、生存することをいう「いく」と同じ「いき」ということばで表現したのです。

　さて、もう一つの「いのち」は難しいことばです。「いのち」に含まれている「ち」は、「血」「乳」としても登場した、霊格を表わすことばです。「おろち（大蛇）」の「ち」、「いかづち（雷《いかずち》）」の「ち」。それから、お父さんをいう「ちち」「おやぢ（親《おや》父《じ》）」のように、「ち」とは男性に対する尊称でもありました。

　そこで、「いのち」にも「いきる」にも、そして「いき」にも共通する「い」の存在が気になります。ほかに「い」が語頭にくることばをいろいろと探してみると、「いむ（忌む）」「いつく（斎く）」や、聖なる樫《かし》をいう「いつかし（厳橿）」、神聖な杭《くい》をいう「いくい（斎杭）」などが並びます。「いむ（忌む）」は慎んで穢《けが》れを避けること、「いつく（斎く）」は神などに仕えること、そして「いのる（祈る）」は「斎宣る」で、神仏にこいねがうことです。

　このように、「い」の音で始まることばは、どれも厳かなものだとわかります。「いのち」も「忌《い》（斎）の霊《ち》」と書くほうが、本来の意味にふさわしいでしょう。「いのち」とは、忌み尊ぶべき霊格です。「いきる」も「いのち」も人間の尊厳にかかわることばだからこそ、「い」で始まるのです。

いのちにむかう

古代の文献を調べていくと、当時の人々にとって「いのち」とは、現代人が何となく考えている「いのち」よりも、かなり深い意味をもっていたと気づかされます。『万葉集』の相聞歌《そうもんか》に、中臣女郎《なかとみのいらつめ》が大伴家持《おおとものやかもち》に贈った、次のような歌があります。

直《ただ》に逢《あ》ひて　見てばのみこそ　たまきはる　命に向ふ　わが恋止《や》まめ

お便りだけでなく、じかにお逢いして共寝をすればこそ、この魂の極まる命を限りの恋心も、安らぐでしょう、とうたう恋歌です。

自分の恋が「いのちにむかふ」とうたう。この「いのちにむかう」というフレーズは、従来、「いのちを賭《か》けた恋」と解釈されているのですが、私は、ただ恋が成就《じょうじゅ》しなければ死んでしまいますというのでは、ちょっと安易すぎるのではないかと思います。

「いのちにむかう」というのだから、命は彼方《かなた》にある。そこへ向かっていく営みは、時間とか距離などではなく、深さを求めるものではなかったか。いうなれば、生命の極限に向かって私は恋をする、ということではないでしょうか。

先ほど「いのち」は忌み尊ぶべき霊格だといいました。「いのち」は生理学的な生命を超えた存在で、そういう究極の、根源的な「いのち」というものを、互いに見つめて反応させていく、それが万葉の人々の恋愛であったのだと思います。「いく（生く）」ということ自体、神聖な行為ですが、「いのち」は、さらにその根源なのです。そういう「いのち」に向かうのですから、ただ「生死を賭ける」というだけでは、解釈が足りないでしょう。

たまきはる

私たち現代人は、「いのち」とは「死ぬまで生きることが続くこと」、つまり「限りあるもの」としてとらえますね。しかし古代の人々は、そうは考えていませんでした。『万葉集』に載る大伴家持の歌に、こうあります。

たまきはる　命は知らず　松が枝《え》を　結ぶ情《こころ》は　長くとそ思ふ

（霊魂の極みの命はわが手の中にはない。ともあれ松の枝を結ぶ私の気持ちは、命長かれと思うことだ）

「たま」とは霊魂。「たまきはる」ということばは、「いのち」につづく修飾のことばだと多くの人が知っていますが、さて、その本質は何なのでしょうか。

江戸時代の国学者、賀茂真淵《かものまぶち》（一六九七―一七六九）は、その著『冠辞考《かんじこう》』のなかで、「たまきはる」について次のように述べています。

多麻《たま》は魂《タマ》なり。岐波流《キハル》は極《キハマル》にて、人の生れしより、ながらふる涯《カギリ》をはるかにかけていふ語なり。

「たまきはる」とは「魂が極まる」ことだというのですが、具体的にはどういうことか、「きわめる」の古語「きはむ」と、「おわる」の古語「をはる」とを比較しながら考えてみましょう。

「きはむ」の「きは」とは極限のことで、極限を求めるのが「きはむ」です。たとえば現代でも「一道を極める」というと、その世界の頂点に達しようとする、という意味になります。そこで、「たまきはる」とは、命が絶えてしまうことなのかというと、そうではないのですね。

絶えてしまうことを表わすものとしては、「をはる（終わる）」ということばがあって、『万葉集』にも出てきます。

天地《あめつち》と　共に終へむと　思ひつつ　仕へ奉《まつ》りし　情《こころ》たがひぬ

（天地の終る時までと思いつづけてお仕え申し上げて来た心と、違ってしまった）

この「終へむと」こそ、本当に天地が終えてしまうことで、天地は無窮ですから奉仕も永遠なのです。

これに対し、「たまきはる」の「きはる」は何を意味するのか。『冠辞考』の「ながらふる涯をはるかにかけて」というフレーズからうかがえることは、極限に近づきながらも決して行き着いてしまうことはない、言い換えれば無限の極限に達するという状態、それが「たまきはる」なのだということです。

魂が果ててしまうであろう、その極限に向かって、どこまでもどこまでも近づいていくのだけれど、どんなに近づいてもなお、その極限は彼方にある。いうなれば無限大の考え方です。

無限大の考えについては、アキレスと亀《かめ》の話が思い浮かびます。ギリシャ神話の英雄で、俊足の持ち主であるアキレスと、足がのろいことでは誰にも負けない亀とが競走する話です。先に出発した亀の後を追って、アキレスは走り出す。アキレスは亀を追い越そうとするが、どうしても追いつくことができない。なぜなら、アキレスが亀のいた地点までたどりつくと、先に出発した亀はさらにちょっと先まで進んでいる。またアキレスがその地点までたどりつくと、亀もまたほんのちょっと先にいる。

つまり理屈のうえでは、限りなく両者の距離は縮まっていくけれども、けっしてアキレスは亀に追いつくことができないのです。これは、古代ギリシャの哲学者ゼノンの理論ですが、あるものに無限に近づきながらも到達することができない、この考え方がまさに「きはむ」と共通するということは、何とも不思議にしておもしろい、古代人の知恵の賜《たまもの》といえます。

つまり、「たまきはる」とは、魂の終わり（死）というのではなく、魂の永続性（永遠なる生）をいうことばです。ある意味で、古代人は「たまきはる」霊魂を、時間や距離の概念でとらえていたともいえます。それに対し、先ほど述べた「いのちにむかう」ということばから考えられるように、「いのち」については、深さという概念でとらえていたのではないかと、私は考えます。

そして、日々の暮らしのなかで、その「いのち」を深めるという行為の一つとしてあるのが、恋愛でした。それが歌に結実し、「たまきはる　命に向ふ　わが恋止《や》まめ」という、身を切られるような叫びへと、つながっていきます。

古代人にとっての「いのち」は、現代人がイメージするものより、もっともっと厳かなものでした。

たましい　こころ

「たまきはる」の「たま（魂）」とは霊魂です。ではなぜ「たま」というのでしょうか。

「たま」といえば、多くの人が玉、球を思い浮かべるでしょう。おそらく「たま」も、玉のように丸い形だと考えたことから、そう名付けられたに違いない。

では、「たましい」とは何か。「たましい」の古語「たましひ」に、その本質を見出《みいだ》すことができます。

古代人は、人間の肉体が若さの漲《みなぎ》る時に生命の絶頂期を迎え、やがては萎《しな》えて死んでいくものだと認識しつつも、それとは別に、霊魂としての「いのち」があって、それは永遠に続くものだと考えていました。「たま（魂）」は肉体とは違い、いつまでも滅びることなく、永遠不滅に続きます。

それを表わすのが、「たましひ」の「（し）ひ」という接尾語です。「（し）ひ」がつくことで、「たましひ」は永遠の命という意味をもつことばへと変容していくのです。

私はこの「（し）ひ」が、「いにしへ」の「しへ」、「とこしへ」の「しへ」と関係があるのではないかと思っています。厳密にいえば、「とこしへ」の「へ」と「いにしへ」の「へ」とは、古代の発音がちょっと違うのですが、前に述べた「日」と「火」のような関係と同じく、仲間の類《たぐい》だと思います。「いにしへ（古）」の「へ」を「辺」と解釈する説もありますが、私は、「たましひ」の「ひ」と同じような永遠性を「へ」に込めたのではないかと考えています。

さて、古代の人々は「たま・たましい」というものが、「こころ」の中にあると考えていました。この「こころ」ということばは「ころころ」の詰まったものですから、「たま」と同じく丸いものでした。

では「こころ」はどこにあったのか。

『万葉集』の歌がそれを教えてくれます。

村肝《むらぎも》の　情《こころ》くだけて　かくばかり　わが恋ふらくを　知らずかあるらむ

（体の中のたくさんの心も砕け、これほど私が恋していることを、あなたは知らずにいるのだろうか）

「むらぎも」とは「たくさんの内臓」という意味。古代人はどうやら、「こころ」とは頭の中にあるのではなく、内臓のなかにあると思っていたようです。球形をしている「こころ」の中に、さらに丸く凝り固まった存在がある、それが「たましい」です。ちなみに、欧米では心臓はハート形をしていますね。中国ではどうかというと、心のことを「方寸《ほうすん》」とよんでいた。方寸とは一寸四方のことですから、小さな四角形だと考えていました。

そして私たち日本人は、球形だと考えていたのです。

いきのお　たまのお

「いのちにむかう」「たまきはる」「たましい」といった、生命を表現する、とてもすばらしい日本語を見てきました。そこにもう一つ、「いきのお」を加えたいと思います。

「いきのお」の古語は「いきのを」で、「いき（息）」＋「の」＋「を（緒）」です。「を」はしっぽの尾と同じで長いものを表わし、「〇〇のを」というと、〇〇が長く続くことをいいます。

たとえば宮中に仕えているお役人のことを「とものを（伴の緒）」といいましたが、これも宮廷に出仕する人々が永遠に仕え続けるべきであるという信念から、そうよんだものです。このように「を」は永続するものを表わす接尾語です。

そこで、「いきのを」とは「生命が続くこと」「永続する生命」となります。

今は吾《あ》は　侘《わ》びそしにける　気《いき》の緒《を》に　思ひし君を　ゆるさく思へば

（今や私はつらい思いに沈むことよ。わが命とも思うあなたを、遠ざかるに任せ

ようと思うと)

『万葉集』に載る、紀女郎《きのいらつめ》が大伴家持《おおとものやかもち》に恋の怨《うら》みを寄せる歌です。「いきのを」と似た意味をもつものに、「たまのを」ということばもあります。平安時代末の女流歌人、式子内親王《しょくしないしんのう》の有名な歌、

たまのをよ　絶えなば絶えね　ながらへば　忍ぶることの　弱りもぞする

(私の命よ、絶えるのなら絶えてしまえ。生き続けていると、心に秘めていられなくなるかもしれない)

が思い浮かぶでしょう。「たま」は「魂」、「たまのを」は魂の永続性をいうことばです。

ところで、この「たまのを」「いきのを」はどんな形をしていたかというと、ちょうど曲玉《まがたま》のような形でした。

丸い玉にしっぽのようなものが付いている、あの長いしっぽこそが、「たま」や「いき」に永遠性を付与する「を」にあたるものでした。

みたまのふゆ

「みたまのふゆ」という、難しくも深い意味をもつことばがあります。漢字で書けば「恩頼」。

『日本書紀』に「是《ここ》を以《もつ》て、百姓《おほみたから》、今に至るまでに、咸《ことごとく》に恩頼を蒙《かがふ》れり」とあり、「恩頼」に「美陁万乃不由《ミタマノフユ》」と訓《よ》み方が添えられています。これは、日本人が魂をどう考えていたかがわかる、大切で深いことばです。

「みたま」は「たま」に美称の「み」が付いたもので、天皇・皇后などの魂を指しますが、「ふゆ」は何かというと、国語辞典に「殖ゆ・振ゆ」とあるように、震える、揺れる意味です。古代人は、恩とは魂が震えることだと考えたことがわかります。

私たちは、日常生活のなかで、誰かから、あるいは神様から、恵みや加護を受けています。古代の人々はそういう恩恵を、その人や神の魂の震える作用の結果だと考えました。

人間の精神活動の根底に、魂の応答関係をみるというのは、きわめて日本的な概念です。ルース・ベネディクトは『菊と刀』のなかで、「恩」こそ日本人が最も大切にしている概念だと述べています。しかし、魂の働きというところまで掘り下げて理解することはできなかったようです。

魂はまた、ものに付いて移動したりもします。

ここからが日本語のおもしろいところです。わかりやすい例をあげるなら、天皇御下賜《かし》の着物というのがあります。『大鏡《おおかがみ》』や『栄花《えいが》物語』（ともに十二世紀前半に成立）などには、褒美《ほうび》として帝《みかど》より御衣を賜るシーンが何度も出てきます。また、京都の名刹《めいさつ》・太秦《うずまさ》の広隆寺《こうりゅうじ》には、歴代の天皇御下賜の衣がずらりと並んでいます。古来、歴代天皇の即位式に用いられたのと同じ黄櫨《こうろ》染《ぜん》の御袍《ごほう》が下賜され、本堂の上宮王院太《じょうぐうおういんたい》子殿《しでん》に祀《まつ》られた等身大の本尊聖徳太子《しょうとくたいし》像が、その一代を通じて着用することになっています。

なぜ着物が褒美の品として下されるかというと、持ち主の魂が着物に付くと考えられていたからです。着物を贈る時には、贈り主の魂も一緒に付いていく。つまり、天皇から着物を賜ることは、天皇の魂をいただくという、大変な栄誉でした。

また、能のなかにも、魂と着物との離れがたい関係を見ることができます。前場では人の姿を借りた前シテが現われ、後場で本来の姿、たとえば神仙や亡霊の姿の後シテが現われる、複式能がありますね。後場で姿を変えて出てくる時には、衣を被《かぶ》って出てくる。その衣をまとうと、その持ち主の姿に変わるという決まりごとは、着物に魂が付くからこそ成り立つものです。

この考え方は、現代語にも息づいています。

兄や姉から着物をもらうことを「お下がり」といいますね。単に年長者から下がってくるから「お下がり」だと考えてしまうのですが、じつは正月に雨が降ることも「お下がり」といいました。これは、神様から授けられる恵みとしての雨なので、「お下がり」といったのです。着物も、その魂をもらうのです。

また、万葉時代の男女は互いに下着を交換しました。これも魂の宿った下着を交換することで、自分の魂を相手に与え合う、愛の儀式でした。

たま(魂)を揺らす話として『古事記』に興味深い話があります。

本牟智和気《ほむちわけ》という皇子が生まれながらに、ものがいえなかった。それを何とかしゃべらせようと、天皇はさまざまな努力をします。皇子を杉の丸木船に乗せて、池に浮かべて揺らしてみたのだが、なかなかしゃべらない。その時、天高く飛びゆく白鳥の鳴き声を聞いて、初めて片言を発した、という話です。

このような儀礼や神話を、単なる形式として切り捨てることはできません。というのも近年、物理学の分野で、「ゆらぎ」についての研究が深まり、生命活動はつねに揺らいでいるという見解が定説化しているからです。一九七七年に「散逸構造理論」でノーベル化学賞を受賞した、「ゆらぎ」研究の権威、イリヤ・プリゴジン博士（一九一七―二〇〇三）に、「北京《ペキン》で蝶《ちょう》が羽ばたくと、アメリカでハリケーンが起こる」という名言があります。自然界におけるシステムはきわめて不安定なもので、小さな部分の「ゆらぎ」であってもシステム全体の構造に影響を与えていく、というのが博士の理論です。揺らいでいることは生きている証拠で、静かであることは死んでいることだとも述べています。

生命活動は「ゆらぎ」であるという現代科学の視点と、古代の日本人が抱いていた「みたまのふゆ」という生命観との接点に、私は驚きと感嘆を覚えずにはいられません。

ひつぎ

たとえ肉体が死んでも、その魂はいつまでも滅びることはないと、古代の人は考えました。それがよくわかる日本語が「ひつぎ」です。

「ひつぎ」も、二つのことばからできています。霊力、霊格、霊魂を表わす「ひ」と、継続を表わす「つぎ」。つまり「霊魂を継ぐもの」が「棺」です。人間の肉体は、死ぬと石室や棺桶《かんおけ》の中に置かれます。しかし肉体は死んでも魂は死なないで、永遠に継がれていく。「ひつぎ」というのは、その魂を継ぐためにに入れておく、いわば受け皿としての器です。

さて、では「棺」によって継がれた魂はどこへいくのでしょう。古代日本から現代イタリアへと、いきなり話は飛びますが、イタリアの詩人・ウンガレッティの「宇宙」というとてもすてきな詩があります。直訳すると、

海とともに
ぼくは
まあたらしい
棺となった

「海とともに」とは、陸の世界に別れを告げて新しい世界（海）に旅立ったということ、「ぼくはまあたらしい棺となった」とは、それまでの生涯を終えて自分は生まれ

変わる。前世の霊魂を継いで、さらにまた新しい霊魂をつくるということです。「ぼく」は「棺」そのもので、「まあたらしい棺」は第二の生の象徴です。

詩人の伝えたかったことは、真新しい第二の世界で生きること。それを「ひつぎ」を意味するイタリア語に託したのでしょう。魂は、滅ぶことなく新しい世界に生を求めていく。もしかすると「ひつぎ」を意味する現代イタリア語のもとになっている古い言語でも、「ひつぎ」は魂を継ぐもの、という意味を含んでいるのではないかと思います。

ものごとの本質をとらえて、それを言語化する時の認識は、じつは世界共通ではないか。このことは私の日本語論の一つです。

第二章　神とともにある暮らし

かみ

古代人は、「かみなり」や「いなづま（いなずま）」を神様だと考えていました。では、その「かみ」ということばは、いったいどこからきたものなのでしょうか。「かみ」の語源には諸説、それこそ十指を超えるほどの説があり、一般的に支持されているのは、「かくりみ（隠り身）」だということになっています。「かみ」は姿が見えないものだから、「隠れた身」だろうと。

でも私は、それを素直に信じることができない。「かくりみ」だとすると、なぜ「くり」が抜け落ちたのか。その法則が、どうしても説明がつかないのです。いろいろと考えあぐねた結果、私は「かみ」は、韓国語の「コム」なのだと思うようになりました。

「コム」とは熊《くま》のことです。そしてこの「コム」が日本では、熊の「クマ」、神の「カミ」なのではないかと考えています。古代朝鮮民族には、熊を神とする信仰がありました。

じつは、韓国語の「熊」＝「神」説は、すでに歴史学者、李丙燾《りへいとう》氏によって提唱されていました。李氏は、北東アジアに熊信仰が多いことに注目しました。たとえば朝鮮族に伝わる神話、いわゆる檀君《だんくん》神話に神が熊を娶《めと》る話が出てきます。天帝の子桓雄《こうゆう》が、人間界を治めるため地上に降りたところ、熊女と虎女《とら》が人間にしてくれといってきた。さまざまな試練を与えたところ、虎女は耐えることができず、熊女は試練を乗り越えた。桓雄と結婚した熊女は檀君を生み、檀君は朝鮮国をうちたてた、という話です。ここでは、熊は神様の妻です。

また日本でも、アイヌ民族は熊を「カムイ」とよびます。「カムイ」とは神のこと。熊は「カムイ（神）」とよばれるほかに、名をもっていないのです。

このアイヌ語の「カムイ」については、「かみ」という日本語が北海道に伝わって、それから神様をカムイとよぶようになったのだとする説もあります。

しかし、もしそうなら、日本人と接触する前に、アイヌ人は「かみ」という概念をもたなかったということになります。「かみ」という概念をもたない民族がいるなど、世界でもありえないことでしょう。

このように朝鮮民族とアイヌ民族は熊を、神を意味することばでよんできた。熊を神とよんできたのです。

そして、欧米でも同じことがいえます。英語で熊は「ベアー」ですが、これは神を意味します。また、ケルトを治めたアーサー王の「アーサー」ということばもまた、熊のことです。アーサー王とは熊王、つまり神なる王なのです。

翻《ひるがえ》って日本語の世界にも、神と熊の深い関係を見出《みいだ》すことができます。たとえば神様にお供えする米、これを「くましね」といいます。米のことを「しね」というので、漢字に書けば「神米」でしょうか。

また、『古事記』の序文に次のような一節があります。

神倭天皇《かむやまとのすめらみこと》、秋津島《あきづしま》に経歴したまひき。化熊《くわゆう》川より出《い》でて、天《あま》の剣《つるぎ》を高倉《たかくら》に獲《え》……。

(神武天皇が巡りめぐって大和国《やまとのくに》にやって来られたが、その時化熊《かゆう》が川から出てきて、また天から降した剣を、高倉で得て……)

「化熊」、要するに化けた熊が川から出てきたとあります。

中国には聖天子とされる禹《う》について、鯀《こん》の子の禹が「化して黄熊となる」（『楚辞《そじ》』天問）とあり、話が似ています。また、鯀が羽淵《うえん》に入って熊となったという神話もあります。

これらから、中国と同じように日本でも熊を神の化身と考えていたことがわかります。古代の人々は、「かみ」という目に見えない存在があって、それが熊の格好をして出てきたと考えたのではないでしょうか。

紀伊《きい》半島に熊野《くまの》という地名がありますが、私はこの、「くまの」も「かみの」だったのではないかと思います。熊野にも語源説がいろいろとあり、「くま」は隅っこを意味する「隈」「隅」だともいうのですが、あの山深いところは、神々が住む世界だったのではないでしょうか。

また、熊野の「野」ですが、「の」と聞くと私たちは広い野原を思い浮かべますが、日本語で「の」とは、平らなフィールドではなく、坂のあるスロープのことをいいました。実際、熊野も吉野も山がちの地形で、けっして平原ではないでしょう。だから熊野も吉野も「の」が付いているのです。

鬱蒼《うっそう》とした山に棲《す》む、目に見えない超越的な存在である「神」が、時に何かの姿を借りて現われる場合、最もポピュラーなのが「熊」だった、ということではないでしょうか。

『古事記』序文の「化熊川より出でて」の記事は、神武天皇記の次の記事によると考えられています。

神武天皇が、九州から大和へ攻め上る途中、熊野の山中で大熊の姿をちらっと見かけたところ、あやしい神の毒気に当たって一同が仮死状態になったという話です。

かれ神倭伊波礼毘古命《かむやまといはれびこのみこと》（神武天皇）、其地《そこ》より廻《めぐ》り幸《い》でまして、熊野の村に到りまし時に、大きなる熊、髣《ほの》かに出《い》で入《い》りてすなはち失《う》せぬ。ここに神倭伊波礼毘古命倏忽《にはか》に遠延《をえ》まし、また御軍《みいくさ》も皆遠延て伏《こや》しき。

（さて、神武天皇が、その地から迂回《うかい》していらっしゃって、熊野の村に着いた時、大きな熊がちらりと見え隠れして、そのまま姿を消してしまった。すると神武天皇は急に意識を失い、また、軍勢もみな正気を失って、倒れてしまった）

「をえる」というのは仮死状態になること。ほんのちょっと姿を見せるだけで、人を仮死状態にできる、熊野の熊。この熊こそ神の化身でしょう。

おもしろいことに、悪い神様がそこに居合わせた者を仮死状態にするという話は、『古事記』のヤマトタケルの神話にも出てきます。

伊吹山《いぶきやま》の神を討ち取りに出かけたヤマトタケルは、山を登っていく途中、白くて牛のように大きな猪《いのしし》と出あいます。ヤマトタケルが「この白猪は山の神の使者だろう。今は殺さないけれど、帰りに殺すことにしよう」と大声で言挙げしたところ、山の神が激しい氷雨《ひさめ》を降らせ、ヤマトタケルは前後不覚に陥りました。白猪は、山の神の使者ではなく、山の神自身だったことから怒ったのでした。ヤマトタケルは命からがら逃れたものの、結局、三重の能煩野《のぼの》（鈴鹿《すずか》山脈東麓《とうろく》あたり）で死んでしまいます。

これも、本来は見えない存在である神が、強大な力をもつ獣の姿を借りて現われるという話で、古代日本人の神観の一端を表わしています。

神というのは人間の目に見えない存在です。見えないのならどこにいるのか、どんな姿をしているのだろうとあれこれ想像してしまうのが人間というもの。そして、森林の中に隠れ棲《す》む恐ろしい動物、それを「かみ」の姿だと考え、その名を与えたのでしょう。

アイヌ語で熊は、「カムイ」ということば以外に名前をもちません。そのように日本語にもほかに、それ自体の名をもたない生き物がいます。

その一例が狼《おおかみ》です。「おおかみ」は、偉大なる神様という名で、古くは「まがみ（真神）」ともよばれていました。また、絹糸を吐く「かいこ（蚕）」も「飼い子」で、別名「ひめ（姫）」ともよばれました。鷲《わし》も「まとり（真鳥）」とよばれていましたが、これは鳥の中の鳥という意味です。

おもしろいことに、私が以前、バンクーバーで見たネイティブ・カナディアンのトーテムポールには、それぞれの世界の支配者として、上から鷲、狼、蛙《かえる》、鯨が彫りつけられていました。狼や鷲を崇《あが》めるのもまた、グローバルな現象です。鯨も、古く日本では「いさな（勇魚）」といいました。

神様とは、それ自体の名をもたない存在です。そして、ここで熊や狼と同列に並べるのは申しわけないけれども、日本の天皇も、一族の苗字をもちません。

また、「陛下」としても表記をさし控えることから、私自身、忘れがたい経験をしたことがあります。平成六年、歌会始めの召人《めしうど》に選ばれた時、その通知状に次のようにありました。「あなたを、召人に選ばれましたので、お知らせします」。初めは、意味がわかりませんでした。「あなたは召人に選ばれましたので、お知らせします」ならわかります。

しかしそうではない。要するに主語の表記がないのです。ここでいう主語は、まぎれもなく天皇陛下であって、それを補って解釈すれば、「選ばれましたので」の「れ」は、尊敬の意だったのですね。

日本語では、時に受け身と尊敬が一致します。「私が……られ」といったら受け身。「あなたを……られ」といったら尊敬。受け身の文脈が、上下関係から主語を欠くことによって、尊敬に転換するのです。戦前・戦中は天皇は現人神《あらひとがみ》とされて、御真影も奉安殿に祀《まつ》られていました。

神というのは名ももたず、姿もほとんど見せない存在です。そして人間の前に現われる時には、熊や狼の姿を借りて、ちょっとだけ姿を見せる。それが神でした。「かみ」というのは超越的な存在です。ある時には「雷」に姿を変えたり、「気」のように漂ったり、「森（杜）」であったりする。そのような森で、人間にとって最も怖いものは何かといえば、熊でした。その熊の姿を借りて「かみ」は現われた。

アイヌの熊祭りは熊をあの世へ送る祭りです。つまり熊の住む世界は、あの世、神様の世だったのです。

「かみ」と同様、日本人の精神に深い影響を与えているものは、「ほとけ」です。

ほとけ

私たちは漠然と、釈迦《しゃか》や菩薩《ぼさつ》を「ほとけ」とよんだり、あるいは人々を救う存在のことを「ほとけ」といいますが、「ほとけ」とはどのようにしてできた日本語なのでしょうか。

日本に仏教が伝来したのは六世紀。インドから中国へと伝わり、さらに朝鮮半島を経て渡来しました。当時日本には、すでに神祭りなどを中心とした「神」の文化がありましたから、両者の間には相当な衝突が起きたようですが、聖徳太子《しょうとくたいし》が仏教を保護したことから急速に広まったとされています。

「ほとけ」ということばも、仏教が日本に入るまでは、もちろんありませんでした。つまり「ほとけ」とは、日本古来のやまとことばではないのです。日本人はどのようにして「ほとけ」ということばを生み出したのでしょうか。

「ほとけ」ということばは、「ほと」に「け」が付いたものです。「ほと」は何かというと、「仏」という中国語をそのまま輸入したものです。六世紀当時と今日では中国語の発音は同じではありませんし、日本語の発音も当時と今日では違うのですが、現代風に発音すると「仏」は「ぶつ（butsu）」です。

日本語にはすでに述べたように、子音は同じまま母音が変化する傾向があります。そこで、まず「つ（tsu）」は「と（to）」となります。一方、バ行音「b-」は、ハ行音「f-」と清濁の違いだけですから、「ぶ（bu）」は「ふ（fu）」と発音されることがあります。そして「ふ（fu）」が「ほ（fo）」となって、「ぶつ（butsu）」は「ほと（foto）」に変わりますが、それは日本人にはそのほうが発音しやすかったからでしょう。

「ほとけ」とは、外来語が変化したことばです。

しかしそれなら、ただ「ぶつ」「ほと」とよべばよいものを、なぜ「ほとけ」と「け」を付けたのか。この「け」とは何なのか。

「け」は韓国語の「さま」という尊称だという説も有力ですが、一方「け」というのは、その場に漂っているもののことで、「けはひ」の「け」も、「もののけ（物の怪）」も、体を覆《おお》っている「け」も同じです。この「ほとけ」の「け」も、何となくそこに漂ってはいるけれど形は見えない、存在していることはわかるが正体がわからない、そういうものを表わしています。

日本は、偶像を伴って仏教を受け入れました。しかし仏教の生まれた国、インドでは、最初は偶像崇拝ではありませんでした。

その証拠に、紀元前のガンダーラの仏教遺跡では、ノコギリ形の光が円形をつくっている、像というものはありません。この椅子の上に、ただ椅子《いす》が置いてあるだけで、その太陽の光が、釈迦だと考えられていました。それがだんだんと偶像、つまり仏像をつくるようになって、日本に渡来した。ですから日本人は、最初から仏像という具体的なものをもって仏教を理解することができたのです。それなのに、なぜ「け」を付けたのでしょう。

平安時代末の歌謡を集めた『梁塵秘抄《りようじんひしよう》』に、

仏《ほとけ》は常に在《いま》せども、現《うつつ》ならぬぞあはれなる、
人の音《おと》せぬ暁《あかつき》に、仄《ほの》かに夢に見えたまふ

とあります。仏はいつもいらっしゃるのだが、お姿を拝することはできない。しかし、物音ひとつしない明け方には、かすかに夢の中にそのお姿を現わされる、という。『梁塵秘抄』は十二世紀の作品ですが、精神は古代と変わりないようです。

また、近代の歌人会津八一《あいづやいち》（一八八一―一九五六）も、奈良を訪れた時の歌で、

ちかづきて　あふぎみれども　みほとけの　みそなはすとも　あらぬさびしさ

と、「御仏がいらっしゃらない」とうたっています。「みそなはす」とは「見る」の尊敬語。いらっしゃるとわからないという、その寂寥感《せきりようかん》があふれています。

このように、日本人は「ほとけ」というものを、存在するけれども目には見えないものだと考え、「け」として認識してきました。たとえ仏像というものを目にしても、それはあくまでも仮の姿であり、古代から今に至るまでずっと、目で見ることはできないものだと理解していました。

その理解の根底にあったものが、すでに人々の心のなかに存在していた「かみ」への信仰です。

日本人には古来、魂を救済してくれる超越者というのは、目に見えないものだという認識がありました。日本人は、仏教が入る以前から、その超越者としての存在を「かみ」とよんでいました。「かみ」は木にも宿る、草にも宿る、山にもお日さまにも、森羅万象ことごとくに宿るのだけれど、その姿を見ることはできない。熊は、化身に

すぎません。だから当時の人は、仏教や仏像と接しても、「かみ」と同様、本質的には目に見えない存在として、「ほとけ」を受け入れたのです。

このように、「かみ」の存在が「ほとけ」という日本語を生む土壌となったのですが、逆に仏像の存在が神様への信仰にも影響を与えています。仏教伝来後の八〜九世紀に、それまでには存在しなかった、老人の姿をした神様の木像がつくられるようになります。

さて、「仏」が「ほとけ」として日本人に受容されて以後、仏教はいろいろな宗派の登場を経ながら発展しますが、私は鎌倉《かまくら》時代に親鸞《しんらん》（一一七三―一二六二）によって浄土真宗が開かれて初めて、仏教が日本人の精神風土に根を下ろしたのではないかと思います。

それまでの仏教は、天台宗にしても真言宗にしても、禅宗にしても、難しい教理を会得《えとく》したり、厳しい修行を乗り越えたりしなければ、仏に救ってもらうことはできなかった。一遍《いっぺん》上人（一二三九―八九）のように遊行僧《ゆぎょうそう》というかたちもあったけれど、遊行も一種の修行であることに変わりはなく、仏の功徳《くどく》を得るにはそれなりの努力や代償が必要でした。

ところが親鸞は、ただ南無阿弥陀仏《なむあみだぶつ》の六字を唱えればよいと説きました。念仏を唱えることにこそ価値があり、それによって身分や地位に関係なく、誰もが救われるのだと教えたのです。これを名号《みようごう》信仰といいますが、これこそ古来の祈りや信仰にぴたりと合致します。巨大な仏像を造ってお参りするよりも、ずっと古くから日本人が行なってきた、目に見えない「かみ」を信じて祈る感覚に、とても近かったのではないでしょうか。

日本人は南無阿弥陀仏と唱えることによって、心から「ほとけ」を「かみ」と同じ存在であると思えるようになったと思います。

いわう　ねがう

神様にいろいろと頼みごとをすることを「ねがう」といい、みごと願いがかなうと「おいわい」をします。

この「ねがう」と「いわう」、古語は「ねがふ」「いはふ」で、どちらも「ふ」で終わります。この「ふ」には、大きな意味があります。

「ねがふ」は「ねぐ」に「ふ」がついたことばで、「ねぐ」とは、和らげることです。何を和らげるかというと、神様の心を和らげるのです。神様はとても怖い存在ですから、その心を安らげて加護を願わなければなりません。

前に、景行《けいこう》天皇がヤマトタケルに、「お前の兄に朝夕の食事に出てくるように伝えよ」と命じたら、ヤマトタケルが兄を殺してしまった、という『古事記』の伝承を引きましたが、ここで景行天皇はヤマトタケルに向かい、兄が出てくるように「ねぎさとせ」と命じます。この「ねぐ」と同じことばが、神職の位の一つである「ねぎ（禰宜）」や、いたわる意味の「ねぎらう」です。

ただし、「ふ」は四段活用の未然形に付くのが通例であるのに、「ねぐ」は上二段活用しかありません。そこで、逆に「ねがふ」から遡《さかのぼ》って四段活用の古形の「ねぐ」があったと考えるべきでしょう。古代語では、四段活用が二段活用に移行する例があります。たとえば「かくる（隠る）」は、ふつう下二段活用をしますが、古くは四段活用でした。この場合も、心を穏やかにしてもらって願い事を聞いてもらう古形の「ねぐ」があって、それから「ねがふ」ができたのでしょう。

語尾に付く「ふ」は何かというと、継続の意味を表わします。ですから「ねぐ」という動作を何度も繰り返すのが「ねがふ」となります。

同じく「いはふ」も「いふ」＋「ふ」で、「いふ」という行為を続ける、つまり何度もいい続けることが「いはふ」です。神様に対して、大切にする気持ちを一所懸命、繰り返しことばに出す。それが「いはふ」の本来の意味でした。ところが「いはふ」はやがて「斎ふ」意味に解され、大切にすることに意味が限定されました。神様とかかわることばで、最後に「ふ」がつくものは数多くあります。たとえば神との約束を意味することを「うけふ（誓ふ）」という。また、何度も魂をよび続けることを「よばふ」という。魂は、大声でよび寄せなければならない存在でした。これが求婚を意味するのも、恋人の魂を祈りをもってよび続けるからです。

のろう

人々が神様の力を利用しようとして、時には他人を呪《のろ》うこともあります。この「のろう（呪う）」も古語では「のろふ」。「ねがふ」「いはふ」と同様、「ふ」を付けます。

重大なことを告げることを「のる」といいます。たとえば神様に祈りを唱えるのは「のりと（祝詞）」、名前を公表するのは「なのり（名のり）」です。「呪う」という行為は、いうなれば「死ね死ね死ね……」というふうにいい続けて殺してしまうことでしょう。神様に何かもの申すには一回ではだめです。「ねがふ」や

「いはふ」にしても、繰り返し繰り返し行なわなければならない。神様の力を借りて、何か凶悪なことをしようというのが呪詛《じゅそ》ですから、何度も口に出さなければならないのです。

同じく呪詛を意味することばに、「とこふ（詛ふ）」もありますが、残念ながら呪詛にかかわる意味の「とく」は、文献に残りませんでした。

まつり

神は人間にとって怖く恐ろしい存在ですが、それゆえにその畏怖《いふ》すべき力を借りたい場合もあります。

その時には出て来てもらわなければならない。一所懸命に笛を吹いたり、囃《はや》したりして、さあ来てください、さあ来てくださいといって、神を待つ。つまり「まつる」とは、そういうふうに神を待つ「まつ」に「る」が付いた再活用のことばで、「まつり」は動詞「まつる」の名詞形です。

この「る」は、完了の助動詞の「たり」や「り」と同様、「あり」系のことばでしょう。完了や、存在するものとして認識した時に付けるようです。

日本語は、ひとつひとつのことばが、抽象概念ではなく、非常に具体的な意味を内包しています。この「まつる」「まつり」も、ものごとがやってくるのを漠然と期待しながら過ごすことではなく、まさに神様やその恩恵の到来を「まつ」ことでした。

神の来訪を「まつ」行為が、「まつる」「まつり」です。

神様は、それぞれに支配の及ぶ範囲が決まっていて、その圏内をほうぼう旅して回ります。祭礼の時、社を出た神輿《みこし》が仮に鎮座する場所を御旅所《おたびしょ》といいますが、これは、神様の立ち寄るところであると同時に、そのテリトリーを示すものでもあります。神様は「おまつり」をされることで、そこへ降りて人々に恩恵を与えるのです。ことばは悪いのですが、一種のマーキングだと思えば、わかりやすいでしょう。

天皇も神だと考えられていた時代、あちこちを旅して歩く巡幸を行ないましたが、これも神の御旅所と同じ意味をもっていたのです。古代中国では同じことを巡狩《じゅんしゅ》といいました。

あそぶ

歴史家ホイジンガ（一八七二―一九四五）は、その著『ホモ・ルーデンス』で、「遊びこそ人間の本質だ」といいました。本来「あそぶ（遊ぶ）」とは、どのような行為をいうのでしょうか。

「あそぶ」ということばから、私たちが真っ先に思い描くのは、行楽地に出かけたり、仲のいい友達と酒を飲みに出かけたり、休日を気ままに過ごしたりすることです。それが度が過ぎると、今度は仕事が「遊び半分」になったり、「遊び人」などといわれかねない。

しかし平安時代に「あそぶ」といえば、音楽の演奏を意味しました。「管絃《かんげん》のあそび」などといいますね。また、葬礼に歌舞を奏する職業集団もいて、彼らを「遊部《あそびべ》」といいました。なぜ「あそぶ」ことが音楽を奏することにつながるのでしょう。

「あそぶ」を分解すると、「あそ」＋「ぶ」となる。

「あそ」とは「ぼんやりとした状態」をいうことばです。たとえば、『万葉集』に「あそそには　かつは知れども」というフレーズが出てきますが、これは「うすうす知ってはいるけれど」という意味。「あそそ」とは「あそあそ」の転訛《てんか》したことばで、うすぼんやりと、といった感じです。

「あそ」というと熊本の阿蘇山《あそさん》が思い浮かびますが、火山灰地の大平原が空漠と広がる何もないところだから付けられた地名でしょうか。

また、「さく」が「さき」や「さけ」「さか」に変化していったように、「あそ」と「うそ」は仲間のことばだと考えられます。「うそ」とは、ぼんやりとした中身のない話のことで、間違った内容をいう「いつわり」とは明確に違います。間違いが「いつわり」で、中身がないのが「うそ」。

「うそうそ」ということばもあり、中野重治《しげはる》（一九〇二—七九）の「歌」という詩に出てきます。

おまえは歌うな
おまえは赤ままの花やとんぼの羽根を歌うな
風のささやきや女の髪の毛の匂《にお》いを歌うな
すべてのひよわなもの
すべてのうそうそとしたもの

すべてのものうげなものを撥《はじ》き去れ
すべての風情《ふぜい》を擯斥《ひんせき》せよ

この「うそうそとしたもの」とは、ぼんやりとしたものという意味です。

このような意味をもつ「あそ」が、なぜ音楽を奏することとかかわるのでしょうか。「まつり」とは、神がやってくるのを待ち受けることでした。神様をよぶためにさまざまなことを行ないますが、その一つが音楽で、古来、音楽を奏《かな》でることは神事でした。楽器とは洋の東西を問わず、神降ろしの道具です。

美しい音楽を聴いているとうっとりし、激しい音楽では狂おしく、心を奪われるような気がします。神様をよぶために音楽を奏でているうち、奏者も聴衆も恍惚《こうこつ》となり、トランス状態に陥ります。神からのお告げは、こうして意識が虚《うつ》ろになった人のところに降りてくるのです。

御神託は、恍惚状態になった人に神様が乗り移ることで得られるのですが、このような人を「よりまし（憑人）」といいます。神懸《かみが》かりした「よりまし」が神の代理となり、その口を借りて神様が御託宣を告げるのです。

そのためには、意識をなくしたうつろな状態にならなくてはいけない。この空っぽのぼんやりした状態を、古代の人々は「あそ」といい、「あそ」になるための行為として、楽器を奏することを「あそぶ」といいました。

空っぽにする「あそぶ」が、お遊びの「あそぶ」に変わるのも、まじめに目的意識をもって何かをするのではなく、ぼんやりと何の目的もなく、意志もはっきりしない、そういう状態が「あそぶ」だからです。そのため、古来、さまざまなことについて「あそぶ」ということばが使われました。

『伊勢《いせ》物語』(十世紀中頃に成立)では、自分に恋い焦《こ》がれて死んでしまった娘のもとを男が訪ねて、「宵《よひ》は遊びをりて」とある。ここの「あそび」は、亡《な》くなった娘の魂を慰めるために男が楽器を弾いたことを指し、鎮魂の要素を秘めています。

また、『梁塵秘抄《りょうじんひしょう》』の有名な一節。

遊びをせんとや生《う》まれけむ　戯《たはぶ》れせんとや生《む》まれけん
遊ぶ子どもの声聞けば　わが身さへこそ揺るがるれ

最初の「あそび」は、男女の恋愛のことです。遊女のことを「あそびめ」といいますが、『万葉集』では遊女のことを「遊行女婦」と書きます。

この漢字は、十世紀初めの辞書『倭名類聚鈔』では、「ウカレメ」「アソビ」と訓よんでいます。ふわふわ浮遊することと、ぼんやりという遊びの要素が一致することがよくわかります。

日常生活でも「ハンドルのあそび」などと使いますが、これは余裕、ゆとりを意味します。とくに必要不可欠ではないことだから、「あそび」です。

今の日本は本来の「あそび」が滅びてしまったようです。仕事さながら努力しなければならないのでは、「あそび」になりません。

くる　くるう

神様から御託宣をいただくため、「よりまし（憑坐）」は理性を欠いた状態にならなければなりません。このように神懸かった状態になることを、「ものぐるい（物狂い）」といいます。

「ものぐるい」を描いた謡曲に、「隅田川《すみだがわ》」があります。人買いにわが子を連れ去られた女が、子を捜して「ものぐるい」となり、隅田川へとたどり着く。しかし、子はすでに亡くなり、その亡骸《なきがら》が川の畔《ほとり》の塚に葬《ほうむ》られていると知る。塚のそばで子が幻となって現われ、母はその手を取ろうとするが、子の姿はかき消えてしまう、という話です。

そのなかで、渡し守が「面白う狂うて見せ候《さうら》へ」という場面があります。「狂った様子をしてみろ」といっているようですが、そうではない。私は、狂い舞いをしてみよ、そうした真似《まね》をしてみよ、という意味ではないかと思います。そのような巫女《みこ》のような役割を課せられた存在、それが「ものぐるい」でした。

「くるう（古語は〔くるふ〕）」の「くる」とは、円運動のことです。謡曲「安達ケ《あだちが》原《はら》」に登場する鬼婆《おにばば》が、舞台の上でくるくる糸車を回しながら糸を紡《つむ》ぐ、その動作を「くる」という。くるくる回す円運動だから「くる」といいます。

くるくる回るのが人間だったらどうでしょう。回っているうちに体がふらついて視覚がなくなり、何も考えられなくなってくる。そのようなトランス状態に陥ることが、「くるう」であり、何かと狂うことが「ものぐるい」でした。

まわる　まう　おどる

「くるう」と同じく円運動を表わすことばに、回転することをいう「まわる（古語は

〈まはる〉〉」があります。

「まつ」に「る」が付いて「まつる」になるのと同様、「まう〈古語は〈まふ〉〉」に「る」が付いたことばです。

「まう」とは旋回すること、いわゆる円舞です。古く「みる〈廻る〉」「浦み〈海岸の彎曲《わんきょく》〉」など、円《まる》いものに「み」をあてました。「まう」は、その仲間でしょう。そして、回転したり飛び上がったり、くるくる舞い踊ったりする動作は、世界の神事に共通して見られる要素です。

「舞い踊る」といいましたが、「まう」と「おどる」では動きが違います。「おどる」の古語は「をどる」で、「をど」とは上下運動をいいます。パッと飛び跳ねたり跳躍したりする、それが「をど」です。

『古事記』にはこんな話があります。イザナキとイザナミの間には次々に子どもが生まれますが、ある時、イザナミは燃えさかる火の神カグツチを生んで、火傷《やけど》をして死んでしまう。イザナキは、妻の死を悲しみ、怒りのあまり我が子であるカグツチを斬《き》り殺します。

すると、その亡骸の頭とか手足とか、体のいろいろなところから、次々と山の神が生まれます。頭から生まれた神様はマサカヤマツミ。「ツ」は「の」、「ミ」は神様、

「マサカ」は真実や現実という意味ですから、頭から真実や現実の、つまり中心の山の神様が生まれました。そして手足から生まれた神様はシギヤマツミ、ハヤマツミ、ハラヤマツミ、トヤマツミ。シギ山（細長い山）、端山、原山、外山、ですからいずれも手足にふさわしい、末端の山です。陰《ほと》から生まれたのはクラヤマツミ。暗いところだからですね。

さてそこで、胸から生まれたのがヲドヤマツミだといいます。「ヲドヤマツミ」という命名が、女性の胸の起伏によることはすぐわかります。ここからも「をど」が上下の動きを指すこともわかります。

長くなりましたが、このように「をどる」は上下運動を、「まふ」は円運動を表わす。運動には円運動と上下運動しかない。だから舞踊といいます。

演劇は神事に起源があるといわれますが、これは世界共通の現象です。たとえば古代ギリシャでは、豊饒《ほうじょう》を祈るお祭りの際、高く跳び上がったという。跳び上がった高さまで、穀物が実るようにという祈りを込めたと、古代学者のジェーン・ハリソン（一八五〇―一九二八）は説明します。これはまさに「おどる」ですね。

「をどる」の「をど」は、「おどろく（驚く）」とも関係があるでしょうか。

ワ行の「を（発音としては「ぅお」に近い）」とア行の「お」の間には、おもしろい関係がみられます。

おじいさんを「おきな（翁）」、おばあさんを「おうな（媼）」といいますが、反対に歳《とし》が若いと「をとこ（男）」「をんな（女）」、また、少女は「をとめ（乙女）」です。

上向きのものは「を」で、下向きのものは、「お」です。幼いことは「をさない」ですが、歳をとることは「おゆ（老ゆ）」。「置く」も、下に置くことになるから「おく」。「おつ（落つ）」「おとる（劣る）」「おとろふ（衰える）」、みな下向きです。

「をどる」の跳びはねる状態とは正反対に、身の縮むような状態が「おどろく」でしょう。「おどろく」は、本来は「おづ（懼づ）」だと思います。「懼」は、かしこまる意味の字です。また、薄気味が悪いことを「おどろおどろし」といいますが、草木などの乱れ繁る状態の「おどろ」とは、やはり気持ち悪くて、驚くようなものだったでしょう。「おどる」「まわる」「くるう」は、具体的な動きを意味することばで、「あそぶ」などとともに、神事にまつわることばでした。

つみ　とが

日本人の罪悪感の話をしましょう。罪悪をいう日本語には、古くから「つみ」と

「とが」がありました。現代でも、「つみとが（罪科）」とワンセットにして使うこともありますが、日本人は何を罪悪だと認識していたのでしょうか。

悪事や罪を、「とが（咎）」といいます。この「とが」に「む」が付くと「とがむ」で咎める、「る」が付くと「とがる」で先端が鋭いという意味になります。「とがる」状態をつくること、たとえば包丁を鋭くするようなことを「とぐ」といい、「とが」の最後の母音が変化すると「とげ（棘・刺）」となります。

「とがむ」「とがる」「とぐ」「とげ」はみな、「とが」の仲間語です。

今日、気取って我を張ることを「とがっている」とか「つっぱり」とかいいます。今日でも、けっしてよい意味には使いませんが、もしこれが古代であれば、とがっていることは「とが」になりました。というのは、古代の日本人は「とがる」ことを、集団の和を破るものと考えていたからです。

指に刺さる棘のように、社会に「とげ」を刺すもの、社会の調和を乱すもの、集団性を破壊するものが「とが」でした。日本人がもっている独特の調和の精神が前提となって、このようなことを戒めてきたのでしょう。

一方、「つみ（罪）」は、「つむ（積む）」や「つむぐ（紡ぐ）」などの仲間語ではないかと考えます。堆積《たいせき》したり縒《よ》り合わさったりして集まったものが「つみ」ではないでしょうか。集団の和を破るような行ない、つまり「とが」ばかりしていると、それが堆積して「つみ」となる。行動の内容が「とが」で、その状態が「つみ」であるともいえます。そして、ものが寄り集まる「つむ」状態が極限まで行き着くと、「つまる」となります。

「とが」が堆積したものが「つみ」であるという考え方は、仏教の教えとも合致します。

日本に仏教が入ってきたのは六世紀のことですが、奈良時代の終わり頃になると、各地に仏足跡《ぶっそくせき》がつくられました。なかでも有名な薬師寺《やくしじ》の仏足跡歌碑には、このような歌が刻まれています。

四つの蛇《へみ》　五つの鬼《もの》の集まれる　穢《きたな》き身をば　厭《いと》ひ捨つべし　離れ捨つべし

「四つの蛇」とは、宇宙や私たちの体を構成する四大要素「火・風・水・土」を、蛇にたとえたもの。「五つの鬼」とは、仏教でいうところの「五蘊《ごうん》」で、「色《しき》・受《じゅ》・想《そう》・行《ぎょう》・識《しき》」という、人間の五つの働きです。物質的身体的な「色蘊」、感覚作用の「受蘊」、表象作用の「想蘊」、欲求など心作用の「行蘊」、識別作用の「識蘊」の五つで、

『涅槃経《ねはんぎょう》』には、この五蘊は「旃陀羅《せんだら》」のようだと記されています。「旃陀羅」とは、賤民のことです。

この「五蘊」の「蘊」という字は、「積聚《せきしゅう》」という意味だと解釈されています。「積」は積む、「聚」は集めるという意味ですから、「蘊」とは積み集まったもの。日本語の「つみ」と同じく仏教でも、邪悪なものの堆積を罪ととらえていることがわかります。

このように、日本人が考えてきた罪悪の第一は集団性の破壊にあり、それが積み重なることが罪であった。そのことを示すのが「とが」「つみ」という日本語です。

第三章　絆《きずな》を信じて求めあうこころ

むすぶ

男女が出会って結婚するなど、新たな縁をつくることを「むすぶ」といいます。「むすぶ」とは、どういうことを指すのでしょうか。

「苔《こけ》むす」などと使われる「むす」ということばがありますが、これは、発生する、生える、などの意味を表わし、「生す」「産す」などの漢字があてられます。

また、湿度が高くて暑い状態も「むす（蒸す）」といいますが、そうした温暖多湿の気候風土のなかから生命が生まれてくる、そういった意味をあわせもつのが「むす」ではないかと思います。

「むす」に「こ」あるいは「め」が付いたことばが、「むすこ」と「むすめ」です。

また、神秘的な霊力を意味する「ひ」と結合して、「むすひ」ということばが生まれました。「むすひ」とは「産霊」とも書き、万物を生み出す霊力のことで、タカミムスヒの神、カミムスヒの神とよばれる神様がいます。

これらの「むす」「むすひ」は、「むすぶ」と根が同じです。というのは、「むすぶ」もやはり、生命の誕生とかかわることばだからです。

私たちにとって最も身近な「むすぶ」は、紐《ひも》などをつないだり絡《から》めたりして、ものが離れないように一つにすることです。二つのものを結わえることと、生産することとは、どのような関連があるのでしょうか。

古代人が行なった「むすぶ」行為の具体例に、旅に出る時、着衣に「足結《あゆ》い手《た》づくり」という支度をする習わしがありました。これは、手足が活動しやすいように、袖《そで》や袴《はかま》をたくしあげて縛り止めること。「ゆう（古語は〈ゆふ〉）」は、単に二つのものをつなぐことですが、さてそこで、その紐を「むすぶ」となると、妻の役目。旅立つ夫の旅装束を調えて、妻が夫の無事を祈ったものです。

また、離れていく二人が互いの無事を祈って、下紐を結びあうこともありました。「下紐をむすぶ」ということについて、じつは私は最初、理解できませんでした。着物の紐を結んで、旅の間中、解かずにいることが、想像できなかったのです。

しかし、その疑問は、アイヌの二風谷《にぶたに》の集落を訪れて氷解しました。二風谷の博物館に女性の貞操帯が保存されているのですが、一本の紐だったのです。前の部分に、アイヌ独特の模様を施したトランプくらいの大きさの布がついている。でも、それはあくまでも飾りで、実態としては一本の紐。チャチャンキというものでした。

これならお互いに結びあったまま、旅の途中、水浴びをする時も解かずにいられます。このように古代では、男女が紐を結びあえば、互いをつなぎとめることができると考えられていたようです。

これが下紐であって、着物の紐とは違います。

また、結ばれた男女の間には生命が誕生します。結婚することを「契《ちぎ》りを結ぶ」などといいますが、それは結婚が、子どもという新たな生命の誕生に直結するからで、おそらく「むすぶ」ということばの本質は、男女が結ばれることだったのでしょう。

『万葉集』には、「草をむすぶ」ということばで、結びとめる行為のなかに、その人間の命が結び込められるとする歌があります。

君が代も　わが代も知るや　磐代《いはしろ》の　岡の草根《くさね》を　いざ結びてな
（あなたの命も私の命も支配していることよ。この磐代の地の岡の草を、さあ結びましょう）

このように、「むすぶ」ことは生命の誕生や永続につながると、日本人は考えていました。だからこそ「むすぶ」と、生産の神「むすひ」との間には、同じ「むすす（生す）」の思想が共有されていたのだと思います。

「むすぶ」ことは、新しく誕生する命の永遠を願う信仰でした。今でも、おみくじを神木に結んで祈りを込めますが、『万葉集』にも、永遠を祈る有間皇子《ありまのみこ》の歌があります。

磐代の　浜松が枝《え》を　引き結び　真幸《まさき》くあらば　また還り見む

（磐代の浜松の枝を結びあわせて無事を祈るが、もし命あって帰路に通ることがあれば、また見られるだろうなあ）

謀反《むほん》を企てて紀州の牟婁《むろ》の湯に送られた有間皇子は、自らの運命を思い、せめて松の枝を結んで命の続くことを願いました。私たちが、何気なくおみくじを木の枝に結ぶのとは比べものにならない、永遠への祈りとしての「むすび」が見られます。

「むすぶ」思想は世界各地に残っており、たとえばアレクサンダー大王（紀元前三五六

―〓〓）にちなむ故事に、こんな話があります。

古代、フリギアという国の王ゴルディアスが、神殿に捧げた馬車に複雑に紐を結んでおいた。これがいわゆる「ゴルディアスの結び目」で、「もし、これをほどく者がいたら、その者が全アジアの王となるだろう」と皆に告げた。結び目に永遠性を託したのです。人々は争ってほどこうとするが、ほどくことはできない。ところがそこへアレクサンダー大王がやってきて、その結び目を解こうともせず、剣で断ち切ってしまった。それで、フリギアは滅びてしまったという話です。

古代の祈りを一刀のもとに断ち切ってしまうのは、古代とはまったくベクトルの違う近代的な考え方で、この話は古代の終焉《しゅうえん》を意味しています。

永遠性の象徴としての「むすび」は、図象にも数多く残されています。

唐草《からくさ》模様や雷文など、複雑に入り組みながら続く連続模様や、ケルトの組紐模様には、外へ外へと限りなく広がる永遠が表わされています。また無限大を表わす記号「∞」や、いわゆる五芒星《ごぼうせい》「☆」は、一筆で何度でも描き続けることができる、終わりのない図形です。完結した形状は「ゴルディアスの結び目」さながら解くことはできず、永遠を意味するといわれています。

古代ギリシャのピタゴラス派の校章であった「☆」は、日本でも陰陽師《おんみょうじ》の安倍晴明《あべのせいめい》が紋章に取り入れていますが、それは、他者の侵入を許さず永久に現状が続くことを、完全な「むすび」の形に託したものでしょう。

また、子どもの遊びとして現代に残る「あやとり」は、「むすぶ」ことが遊戯になったもので、古代の習俗が子どもの遊びに残る一例です。

「あやとり」は一本の紐を結んで輪をつくり、その輪を断つことなく形をさまざまに変えていく遊びですが、同じような行為が古代イヌイットの世界にも残っています。漁の安全を願う祈りのしぐさで、漁の道具であるロープが絡まったりしないように、という願いが込められていたといわれています。

このような結び文様は、日本の海女《あま》の世界にも見られます。三重県鳥羽市のミキモト真珠島にある博物館には、海女が荒縄の腰帯に挿した道具が陳列されています。貝をはがすヘラのような道具ですが、それにあの一筆書きの☆印が刻まれていました。説明板には、始まりも終わりもないマークだから、悪魔のつけいるすきを与えない、とあり、おまじないの印であったことがうかがえます。

「むすぶ」ことからまじないへと話が飛びましたが、たとえば、お茶室を囲む結界の関守石を紐で「むすぶ」のも、邪悪なものを退散させるための、いわば呪符《じゅふ》でしょう。

また、身近な例では、慶弔袋の水引や、プレゼントを贈る時、リボンで華やかな結び目をつけますね。昔は、これを「鬼の目」といいました。鬼ほどに強い力が結び目に生まれ、相手を祝福すると考えた名残です。

このように「むすぶ」ことは、永遠への祈りを込めた、特別な価値をもつ行為でした。新たな生命や力が生まれ、永遠にそのサイクルが循環していく。人と人、あるいは人と自然が一つになり、つながったところに命が生まれる。それらを日本人は、「むすぶ」ということばに託してきました。

私はよく、「奥さんは、旦那《だんな》さんのネクタイくらい結んであげたら」などと話すのですが、夫婦に限らず、私たちも他者との関係をもつうえで、「むすぶ」ことの意味を理解し、大切にしていきたいものです。

いろ

「いろ」というと、色彩を表わす色のほかに、「色好み」「好色者」ということばを思い浮かべる方が多いと思います。何となくいかがわしい雰囲気がつきまとい、「色魔」「好色漢」などとよばれれば、怒る方も多いことでしょう。

しかし本来「いろ」が意味するところは、恋愛の情というより親愛や敬愛の情でした。また、色彩を意味することばが、なぜ親愛や恋愛を表わすようになったかを考えると、日本語の奥深さを感じます。

『日本書紀』には、「いろは」「いろせ」「いろど」「いろね」「いろも」といったことばが出てきます。「いろは」とは生母の意味で、「いろせ」以下は同腹関係、つまり母親を同じくする、兄弟（いろせ）妹弟（いろど）兄姉（いろね）妹（いろも）を示すことばです。

「いろ」はまた「いら」と変化し、「いらつめ（郎女）」「いらつこ（郎子）」ということばを生みました。

「つ」は「の」の意ですから、「いらつめ」は「いら（いろ）」＋「つ（の）」＋「め（女）」で、女子を親愛を込めていう語、「いらつこ」は「いら」＋「つ」＋「こ（子）」で、男子を親愛を込めていう語です。これらは一種の敬語です。

古代の人々にとって、親愛と敬愛と尊敬はひとつながりの心理でした。そして、現代人には想像しにくいことですが、古代ではきょうだい同士で恋愛をし、結婚することも珍しくなく、親愛の情は容易に恋愛感情へと移行していくものでした。

ですから、他人に対して抱く親しみや敬いの気持ちを、心の華やぎととらえ、さらに、そのことばが、恋愛の華やぎを示すことばとして用いられるようになったことは、想像に難くありません。

今も「きれいになったね、好きな人でもできたんじゃない」などというように、古代の日本人も、他人を尊敬したり恋したりする、華やぐような内面の感情が顕著になることを、あたかも色彩がきわだって見えるように認識したのです。

百人一首の平兼盛《たいらのかねもり》（?—九九〇）の歌にも、こうあります。

忍ぶれど　色に出《い》でにけり　わが恋は　物や思ふと　人の問ふまで

「好色」といえば、時代が下って井原西鶴《いはらさいかく》（一六四二—九三）の小説に、『好色一代男《こうしょくいちだいおとこ》』『好色五人女』がありますが、この「好色」も恋愛に伴う心の華やぎや色艶《いろつや》をいうので、恋の浮き名を流した好色者の物語と単純にとらえるのは正しくありません。

魚の婚姻色というのをご存じでしょうか。繁殖期になると、鮭《さけ》などは鰭《ひれ》や腹が赤く色づきます。生物学的には生殖のための現象ですが、人間の「色に出る」も、それと同じだと考えるとわかりやすいでしょう。

「色町」「好色」「色仕掛け」など、現代語に残る「いろ（色）」は、どちらかといえばよくない意味で使われることのほうが多い。しかし、そのもとの意味を考えれば、けっして悪いことばではないどころか、むしろ敬愛や恋愛といった心の自然な働きを表現したことばです。

外に反映された内なる思い、それを一種の色彩としてとらえたことばが、今日まで同じような意味を含みながら使われ続けています。人間の自然な恋愛感情や親愛感情を「いろ」ということばに託し、市民権を与えてきたのです。

おもう　こう

誰かを好きになって、思い慕うことを「こう（恋う）」「こいする（恋する）」といいます。古語ではそれぞれ「こふ」「こひ」となります。

「こふ」と似たことばに「おもふ（思ふ・想ふ）」があり、現代でも「あの人に恋している」ことを「あの人を想っている」といったりしますから、同じような意味をもつことは間違いありません。

「おもふ」の「おも」は「おもい（重い）」の「おも」と同じで、心の中に重いものを感じることが「おもふ」です。「あの人を想う」といえば、ずしりと心に抱いた重みが下がってくる、何となく、晴れやかでない気持ちをいいます。

これに対し、「あの人に恋する」の「こひ」「こふ」は、どう違うのか。

私は「こ（恋）ふ」とは「こ（乞）ふ」だと考えています。これは、国文学者で歌人であった折口信夫《おりくちしのぶ》（一八八七―一九五三）の説で、彼は「『恋ひ』というのは『魂乞《たまご》ひ』である。恋人の魂を乞うことだ」と主張しました。しかし、「こひ（恋ひ）」と「こひ（乞ひ）」は、古代の発音を調べると「こ」も「ひ」も少し異なっていることから、一時は否定され、それに賛成する人は、ごく少数でした。

しかし、私は、「こひ（恋ひ）」と「こひ（乞ひ）」の発音が多少異なっていても、前に述べた「ひ（日）」「ひ（火）」と同じように、むしろ内容の少しの違いを区別した、仲間語だと考えています。

「食べ物をちょうだい」というのが「乞ひ」、「魂をちょうだい」というのが「恋ひ」。そういった差異が、発音の微妙な違いとなって表われた、似ているけどちょっと違うものなのです。私は、こういったものを、類あるいはグループととらえるべきだと考えており、支持してくださる人も増えてきました。

さて、はからずも「魂をちょうだい」というのが「こひ（恋ひ）」だといいましたが、折口信夫のいう「たまごひ（魂乞ひ）」について考えてみましょう。

「こひ」「こふ」とはどういうものか。それは離ればなれである恋人同士が、互いの魂をよびあうことでした。

古代では、魂は浮遊するものと考えられていました。魂の結合こそが、恋の成就《じょうじゅ》でしたが、それがなかなか実現しないので、古代の「こひ」とはつらいものでした。逢《あ》いたくても逢えない切なさ、それが「こひ」だったのです。

『万葉集』にも、恋の歓《よろこ》びをうたったものは一首もありません。今、目の前にいない相手を想い慕う、そういった互いを求める気持ちこそがうたわれます。

日本語の「こひ」は、英語でいえば“I love you”というより“I miss you”に近いのです。「ラブ」が互いに拘束しあうほどの愛着であるのに対し、目の前にいない相手を慕うのが「ミス」ですから。

しのぶ

好きになった相手のことを考えることばとして、「おもう（思う・想う）」「こう（恋う）」をあげました。もう一つ紹介しておきたいのが、「あの人のことをしのぶ」などと使う、「しのぶ」ということばです。

国語辞典で「しのぶ」を引くと、「忍ぶ」と書いて「かくれる。がまんする」、また

「偲ぶ」と書いて「恋しく思う。褒める」という、二つのことばが出てきます。この二つは発音が同じため、一つのことばが両方の意味をもっているのだと誤解されやすいのですが、古代ではそれぞれ別のことばでした。

古代では、「人を想う」ほうの「しのぶ（偲ぶ）」は、「しのふ」といいました。もともとは、相手を賞賛する、褒め称《たた》えるという意味で、同時に、遠く思慕するという意味ももちました。目の前で、あからさまに「好きだ」というのではなく、遠くから思慕して褒める。これは先ほどの「たまごひ（魂乞ひ）」や「こふ（恋ふ）」にも通じる、日本的な恋のかたちです。

これがなぜ、「堪え忍ぶ」の「しのぶ」と混同され、同じ発音となっていったのでしょうか。

「しのふ」と「しのぶ」とでは清濁の違いがあるだけでなく、「の」の発音も若干異なっていました。ですから、別語であることには間違いないのですが、これも似ているけどちょっと違う、同じグループに属することばだったと思われます。じっと我慢をすることと、遠く思慕することとは非常に似た行為だと、当時の人々は考えたのでしょう。そしてこの二つのことばは、平安時代には混同されるようになっていきました。

今、「恋はしのぶもの」と聞くと、「つらさに耐える恋」を思い浮かべますが、古代ではただ我慢するだけではなかった。相手を褒め称えながら遠くから思慕する、それが「しのふ恋」でした。

かなしい

「かなしい」ということばがあります。古語は「かなし」。子に先立たれて悲しいなど、心が痛むことに使われます。

しかし「かなしい」とは、悲しいほどいとおしい、心がきゅっと締め付けられるほど恋しいことをいうことばでした。辞書には「かなしい」と「いとしい」が別のことばのように扱われています。が、二つは別語ではありません。

『万葉集』には、恋しい「かなし」が、東歌《あずまうた》のことばを主として登場します。東歌とは関東地方を中心として信濃、遠江あたり以東の歌のことです。

多麻川《たまがは》に　さらす手作《てづく》り　さらさらに　なにそこの児《こ》の　ここだかなしき

（多摩川に晒《さら》す手作り布のようにさらさらに、どうしてこの子がこれほどいとし

いのだろう）

あしひきの　山沢人《やまさはびと》の　人さはに　まなといふ児が　あやにかなしさ

（あしひきの山沢に住む人のように、人がさわに「まな〔いけない〕」というあの子が、不思議にいとしいことよ）

……父母《ちちはは》を　見れば尊《たふと》く　妻子《めこ》見れば　かなしくめぐし　うつせみの　世の理《ことわり》と

……

（……父母を見ると尊く、妻子を見ればかわいくいとしい。それが現世の理屈であると……）

みな、心がせつなくなるほどの恋しさ、いとおしさをうたっています。最後の歌は大伴家持《おおとものやかもち》の長歌で、彼は東国語を、自分の歌の中に熱心に導入しました。

「かなし」のもととなったことばは「かぬ」で、これは力が及ばなくて、果たすことができないという意味。今でも「その仕事はできかねる」などと、「……しかねる」ということばに残っています。ですから、絶望感を表わすことばが「かなし」ですが、そこに悲しみを感じるとは、相手を愛しているからです。愛していないものに悲しいと思うことはありませんね。「かなし」は、せつなる悲哀を示すことばです。そのため「かなし」には、「悲し」「哀し」「愛し」などの漢字があてられます。「こひ（こい）」とは「魂乞《たまご》ひ」だと、前に書きました。そのことで、耐えられないほどつらい。そういう感情を、古代の人々は「かなし」といいました。

おもしろいことに、家持が「妻子見れば　かなしくめぐし」といったのは、先輩の山上憶良《やまのうえのおくら》の真似《まね》をしたのですが、憶良は「妻子見れば　めぐしうつくし」といっていて、「かなし」とはいわない。これも家持が東国語を応用して、妻への気持ちをいったことを表わしています。

なお、漢字の世界でも、「愛」と「哀」は、同じ「アイ」という発音です。同じ発音で「いとしい」と「かなしい」を表現している。

中国でも、「いとしさ」と「かなしさ」は、切っても切れない仲でした。

いえ　やど

男女の間に恋心が芽生え、互いに夫婦になりたいと願う。古代では、求婚することを「つまどう（妻問ふ）」といいました。

古代の結婚は通い婚でしたから、男は女のもとに通い、女の親、とくに母親の承諾を得なければなりませんでした。現代の結納のように、求婚のしるしに男から女へと贈る「つまどいのたから（妻問いの財）」もありました。また、晴れて夫婦となるにあたっては、夫婦の寝所「つまや（妻屋）」が村人総出でつくられます。

　新室《にひむろ》を　踏み静む子が　手《た》玉《だま》鳴らすも　玉のごと　照らせる君を　内にと申せ

　（今しも新室を舞踏して鎮《しず》める少女が手玉を鳴らすよ。さあ、玉のように輝く婿《むこ》君《ぎみ》に「内にお入りなさい」と花嫁よ、申しあげよ）

　このように、二人だけの家屋ができあがったからといって、すぐに同居して妻となるわけではなく、また久しく通う期間があって、男が扶養能力をもった時、ようやく夫婦同居の「いえ（家）」が生まれます。

「いえ」の古語は「いへ」。「へ」はあたりを意味し、それに神聖なものを表わす「い」を付けて、「いへ」といったのではないでしょうか。

　家は「へっつい（竈）」を中心としましたから、「いへ」の「へ」と、「へっつい」の「へ」とを、仲間のことばとしたのでしょう。

　住まいを意味することばには、「いへ」のほかに、「や（屋）」があります。「や」に

「ところ（所）」という意味の「と」が付いて「やど（宿）」。さらに、「やど」が活用して「やどる（宿る）」という日本語が生まれます。

この「やど」と「いへ」には明確な違いがあります。それは「いへ」は精神的なもので、「やど」は物質的な構造物であるということです。「やど」はいわゆるハウスで、それに対し「いへ」はホームでした。

『万葉集』に「いへ」をよみ込んだ歌はたくさんありますが、ほとんどのものが郷里や家庭としての「いへ」をうたっています。

家にあれば　笥《け》に盛る飯《いひ》を　草枕《くさまくら》　旅にしあれば　椎《しひ》の葉に盛る

（家にいたなら食器に盛って食べる飯だのに、草を枕とする旅の身なので、椎の葉に盛ることだ）

ここにして　家やも何処《いづち》　白雲《しらくも》の　たなびく山を　越えて来《き》にけり

（ここにあって、家はどちらのほうにあるのだろう。すでにそれもわからぬほど、白雲かかる山を越えて来たのだなあ）

このほか、「家づと（家への土産）」「家の子（名家の子弟）」などの熟語も、「いへ」

が単なる住まいではないことの証《あかし》です。

一方、建物としての住まいが「やど」です。

おもしろいことに『万葉集』では「わがやどの」とよみ始めると、その後には植物の名前が続くことが多いのです。

わがやどの　花橘《はなたちばな》に　ほととぎす　今こそ鳴かめ　友に逢《あ》へる時
（私の家の花橘に、ほととぎすは今こそ鳴くだろう。こうして友と逢っている時に）
わがやどの　尾花《をばな》おしなべ　置く露に　手触《てふ》れ我妹子《わぎもこ》　散らまくも見む
（わが家の穂薄《ほすすき》を傾けるほどに置く露に、手を触れよわが妹《いも》よ、散るさまを見よう）

「わがやどの梅」とか「わがやどの花橘」などと梅や橘を庭に植えるのは、位の高い人たち。庶民になると、「わがやどの尾花（薄）」などとなります。

庭の植栽で身分の違い、貧富の差がわかります。

たび くさまくら

現代では、旅は最も人気のある娯楽の一つです。しかし、古代人にとっていちばん幸せを感じるのは、家で妻と生活する時間でした。したがって、「いへ（家）」の対義語は「たび（旅）」となります。

古代、旅に出るというのは大変な決意を伴う、つらい行為でした。日本人は農耕民族です。農耕社会というのは定住が前提となっており、田畑を耕し食物を生産するのは、自分一人の力ではできない。みなが「むら（群）」がって暮らすことから、その集団のことを「むら（村）」というのです。村の一員でなければ生きていけない。なのに防人《さきもり》などに選ばれると、一人だけ家族と別れ、慣れ親しんだ村社会から離れていかなければならないのです。

ですから「たび」というのは、安寧な生活を捨てる、つらく苦しいものでした。「たび」は、非常に古いことばですが、今日に至るまで「たび」の語源は解明されていません。「たび」ということばやその概念は、記紀・万葉にも頻出し、さまざまな説が提唱されていますが、どれも問題をはらんでいます。

たとえば、「食べる」の古語「たぶ（食ぶ）」を語源だとする説がありますが、「たぶ」より「たび」のほうが古いことばであることから認められません。「お与えになる」という敬語に「たぶ」があるのですが、神様が旅をお与えになると考えるのは、ちょっと苦しいと思います。また、旅に出ると、他人から火をもらうから「たび（他火）」であるとする説もありますが、それなら「たか」か「ほかび」となるはずで、これもまた認められない。結局、これはという語源はまだ見つかっていないのです。日英語のトラベル（travel）は、トラブル（trouble）と語源が同じだといいます。日常とは違う、さまざまな問題が起きるという意味を含むからですが、日本語の「たび」の語源探しは、まだまだこれからの課題です。

さて、旅は悲哀に満ちたものでしたが、それと連合して表現することばが「くさまくら」です。

漢字で書けば「草枕」。古典の授業などでは「くさまくら」とは草を枕にすることだとか、旅の修飾語だなどと教えますが、それではただの野宿です。「くさまくら」の意味を正しくとらえるには、その対語となる「たまくら」ということばを理解しなければなりません。

愛《うつく》しき　人の纏《ま》きてし　敷栲《しきたへ》の　わが手枕《たまくら》を　纏く人あらめや

（いとしいあの人の枕としたわが手枕を、ふたたびする人はもういない）

これは大伴旅人《おおとものたびと》が亡《な》き妻を偲《しの》んでよんだ歌です。「まく」は「枕く」。枕にして寝ることをいいます。「かひな（腕）をまく」は腕枕、そして「て（手）をまく」のが「たまくら（手枕）」で、手枕を互いにさし交えることは、男女の共寝を意味しました。「たまくら」というのは、共寝の相手がいなければ成立しない枕であり、最もやすらいで眠ることができる、そういう枕です。それはとりもなおさず、家庭でやすらぐことを意味し、「たまくらのいへ」というい方はあっても、「たまくらのやど」というい方はありません。

次は聖徳太子《しょうとくたいし》が竜田山《たつたやま》で行き倒れの人を見かけてよんだ歌。

家にあれば　妹《いも》が手まかむ　草枕《くさまくら》　旅に臥《こや》せる　この旅人《たびと》あはれ

（家にいたら妻の手を枕としているであろうに、草を枕の旅路に倒れている、この旅人よ）

手や腕であれば、まきようがあるが、草はまきようがない。でもそんな草を枕としなければならないとするところに、旅の悲哀感があります。

余談ですが、枕をご神体とする神社もあります。九州の宇佐《うさ》神宮では、神職たちが刈った真薦《まこも》から枕をつくり、これを神座《かみくら》として八つの神社を巡幸するという行事を、六年に一度行なっています。ご神体が枕に寄りつくのです。

一方、神様のいる場所を「かみくら」というように、「ま（真）くら（座）」が連想されることもあったでしょう。枕はそれほど大切なものでした。棺《ひつぎ》の中にも、きちんと枕がつくられています。

さて、手と草のほかにもう一つ、岩を枕とする歌があります。

かくばかり　恋ひつつあらずは　高山の　磐根《いはね》し枕《ま》きて　死なましものを

（このようにばかり恋に苦しんでいないで、高い山の岩を枕として死んでしまいたいものを）

岩を枕にするのは死ぬ時。古代の人々は、この三つの枕で眠りをとったのです。

知っていますか
日本人の考え方がわかることば

第一章 具体からはじまって抽象へ

もの

「もの」ということばは、解明が非常に難しい日本語の一つでしょう。具体的な意味内容を説明する前に、まず、日本人の自然観から話を始めたいと思います。

今日、巷《ちまた》にあふれていることばの一つに、「自然」があります。「自然と共生する」「自然体で生きる」「大自然に身を委《ゆだ》ねる」等々。過剰なストレスにさらされた現代人が、心のオアシスを求めるように用いる、この「自然」ということばは、いつ頃から使われ始めたのでしょうか。

「自然」と書くとおり、これは漢語です。文献などには古くから見られる漢語ですが、江戸時代までは、「おのずから」という意味で使われていました。それが、山や木や草など、私たちがイメージする自然、いわゆるネイチャーを意味するようになったのは、明治以降、ごく新しいことでした。

では、日本人はネイチャーという概念をもたなかったのかというと、そうではありません。日本人は昔から、豊かな自然に囲まれて暮らしてきました。天地自然というものを意識しなかったわけはないでしょう。そして、意識したなら必ず記号としての名前があるはずです。

古代人には、「人」と「自然」を相対化してとらえる意識がなかったのではないでしょうか。人も自然もひっくるめて、ここにある山、あそこにある川、そして私、そういうものを、総体としてとらえていたのではないでしょうか。

そのような森羅万象を、私は「もの」と名付けたのではないかと思うのです。

この本を読んでいるあなたの部屋には、何がありますか？　机、電話、テレビ、パソコン、洋服、布団《ふとん》やベッド……。数え上げたらきりがありませんね。家具、家電製品、衣類など、きっとたくさんの「もの」が置いてあるでしょう。私たちは、このような具体的にとらえることのできる物体を、「もの」といいます。

一方、具体的なものを指し示さない「もの」もあります。

たとえば「ものみ」。物見遊山《ゆさん》の「ものみ」は、何を見る場合にも使えます。桜を見てもいいし、紅葉狩りをしてもいい。ぶらぶらと、好き勝手に何かを見る「ものみ」。一方、戦争や狩猟時には「ものみを立てる」「ものみ台」などということばも使われます。何にせよ、怪しいものがいないか、ずっと見張っていて、いったん急あれば味方に知らせる、これも「ものみ」です。

目に見えない「もの」もあります。「ものさびしい」「ものがなしい」などの「もの」には、理由を特定できない、空漠とした印象が漂います。「もの」といえば全体を指すから漠然とする。だから「ものがなしい」は、何となく寂しい、これといった理由や原因があるわけではないけれども寂しい、という意味になるのでしょう。このように、不特定の空漠としたものも「もの」といいます。

ところで古代人は、すべてのものに霊魂が宿ると信じました。そこから「もの」は、霊魂なども指しました。

たとえば、霊魂や鬼神などをいう「もののけ（物の怪）」。「もの」も「け」も、どちらも見えないけれど、そこにあることを意味することばです。

また、日本で非常に古い一族である「もののべ（物部）」氏は、朝廷に軍事をもって奉仕した一族ですが、祭神の道具を作る一族ともいわれています。しかしそれでは氏族名が解けません。精霊を祀った一族ではないでしょうか。

そして、このような「もの」にもとづいて考え出された理念が、「もののあはれ」でした。

「あはれ」は、「あ」＋「はれ」で、ともに感動すると自然に発生する声から生まれたことばです。もともとは、感嘆や共感、哀傷などの感動・詠嘆を表わすものでしたが、やがて、さまざまな感情や情緒を表わすことばへと移っていきました。

この「あはれ」に、何も特定しないけれど、森羅万象を意味する「もの」が付いたことばが「もののあはれ」で、本居宣長《もとおりのりなが》が、これを日本文学の美的理念としてとらえたのは広く知られています。

「もの」は「あはれ」を引き起こす存在として意識されながらも、具体的に何とは指し示されない、しかしすべてのものの本質として存在しているものです。これについては、私の『万葉と海彼《かいひ》』（角川書店）に詳しく書きましたので、そちらをご覧いただきたいと思います。

さて、具体的で目に見える個々の「もの」と、抽象的で目に見えない、すべての自然でさえある「もの」とをつなぐ架け橋は、どこにあるのでしょうか。

私は、森羅万象の「もの」を、個々の物体の「もの」へと仕分けていくのが、「しなもの」ということばだろうと考えています。「しな」とは、区切りという意味です。

漢字では、「品」のほかに「級」もあてられる。『更級日記《さらしな》』の「級」ですね。

やまとことばの「しな」ということばは、地名に残っています。「しなの（信濃）」「さらしな（更科）」などは、みな山深い地形で、まさに山あり谷ありと起伏に富んでいるところでしょう。段々の連続する、さまざまな傾斜がある地です。ごつごつしていて、区別できるところがある。そうした種別のそれぞれを、日本人は「しな」と名付けていました。

そこに、「品」「級」「階」などという漢字が、区別するという概念とともに入ってきた。そこで、「しな」というやまとことばに、それらの漢字があてられたため、「しな」は、等級・階級などの段階や、種類を示すのに使われるようになりました。親王の位を「一品《いっぽん》」「二品」などと「品」という漢字で表わすのも、そのためです。

一方「しな」と似ていますが本来的に段階の区切りを示すやまとことばが「きだ」です。『日本書紀』に「素戔嗚尊《すさのをのみこと》の十握剣《とつかのつるぎ》を索《こ》ひ取りて、打ち折りて三段《みきだ》に為《な》し」などと出てきますが、「三段」とは三つに切り分けること。また、階段のことを「きざはし」といいますが、これは、段を表わす「きだ」が「きざ」と変化したものです。「きざむ」も仲間です。

「きだ」は「きた」と変わることもあり、大きい区切りという意味の「おおきた」が変化してできた地名が、「おおいた（大分）」です。なぜ「おおいた」に「大分」という漢字があてられているか、そのわけがわかります。

このように、ものとものとを区別することばが「しな」です。そして、「しな」と「もの」が結びついて、「しなもの」ということばが生まれました。「しなもの」がとくに買い物などによく使われるのは、区別が最も要求されるのが、需要と供給の関係のなかだからです。

このように、全体としての「もの」から区別するために「しな」が誕生しました。広く日本語には、英語の「—s」にあたる複数形がありません。そのかわりに、「ひとびと（人々）」「ところどころ（所々）」「きぎ（木々）」などと繰り返します。

これなども、「しなもの」を単位とした物の認識を端的に表わしているでしょう。それでいて、全体を指すことばでもあります。「もの持ちだ」といえば、たくさん「もの」を持っていることになります。

このように、「もの」は、個々の物体である「しなもの」とそっくりそのまま置き換えることのできない、全体の存在を指すことばでした。

「ものしずか」「もののけ」など、そこにあるのだけれども、これと指し示すことはできないものを表わすことばでしょう。

「もの」とは、自然界も人間も含みこむ、物であり霊である、存在の基本的なあり方を認める日本人の最も大切なターム（用語）でした。

こと

「もの」は目には見えないけれども、確かにそこに存在しているものでした。

ただ、「目には見えない」というのもやや不十分で、現代人の目には見えない霊や魂も、古代人には見え、その存在を認識していました。「もの」は、視覚的に見える見えないにかかわらず、存在する実体だといえます。

そこで、ことばの働きを考えてみましょう。

私が「さくら」といってみると、みなさんは「桜」という「もの」を想像します。

ところが、「さくらがさいた」というと、みなさんの頭のなかには、ふっと桜が咲くという「こと（事）」が思い浮かぶ。この「こと（事）」をつくり上げるのが「こと（言）」の作用です。つまり、「こと（言）」は、「もの」から「こと（事）」をつくる造形力をもっているのです。

「こと」ということばを、私たちは「事」「言」と使い分けますが、古代では、そうした区別はなされませんでした。古代の人々にとって、「こと」として口に出すことと、「こと」をそこに造形せしめる作用とは、不可分のものであり、それほどことばと事物とは密着した関係にあったのです。

この本のなかで最も数多く登場することばは、おそらく「ことば」でしょう。しかし「こと」と「ことば」は別です。「ことば」とは、正確にいうと、本来は「こと」の「は」のことです。「は」とは、端《は》物《もの》、かけらのこと。「ことのは」＝単語といってもよいでしょう。ですから、「ことば」は「もの」しか表わしません。

では、どうしたら「こと（事）」が生まれるのかというと、たとえば「桜は花である」「花は春咲く」というように、AはBであるといった「こと（言）」を口にすると、具体的な「こと（事）」を伴ってきます。それが「事」をつくり出す「言」の力です。

そこで正しくは、「ことば」というより「こと」のほうがよいのですが、習慣によって、以下、言語という意味で、「ことば」といい続けます。

さて、「ことあげ（言挙げ）」とか「ことだま（言霊）」とかいうことばがあります。

　柿本朝臣人麿《かきのもとのあそんひとまろ》の歌集の歌に曰《い》はく

葦原《あしはら》の　瑞穂《みづほ》の国は　神《かむ》ながら　言挙《ことあげ》せぬ国　然《しか》れども　言挙ぞわがする　言幸《ことさき》

く 真幸《まさき》くませと 恙《つつみ》なく 幸くいまさば 荒磯波《ありそなみ》 ありても見むと 百重波《ももへなみ》
千重波《ちへなみ》しきに 言挙すわれは 言挙すわれは

反　歌

磯城島《しきしま》の やまとの国は 言霊《ことだま》の たすくる国ぞ ま幸くありこそ

柿本人麿は、遠く旅立つ友人に向けてうたいます。「この葦原の瑞穂の国は神意のままに言挙げしない国だ。だが言挙げを私はする。ことばが祝福をもたらし無事においでなさいと。障《さわ》りもなく無事に御帰りになれば、荒磯の波のように待ちつづけ、後にも逢《あ》えるだろうと、百重波や千重波のように、しきりに言挙げをするよ、私は。言挙げをするよ、私は」。

添えられた反歌とは、長歌のあとに、いい足りなかったものを補足したり要約したりするものです。「日本は、ことばの魂が人に幸をもたらす国であるよ。無事であってほしい」とうたいます。

このように、お願いしたいことを口にすることが「ことあげ（言挙げ）」で、ことばにすることで、その内容を実現させようとする霊が作用する。その霊が「ことだま（言霊）」です。

「ことだま」とは、文字どおり「こと」の「たま（魂）」。ことばに宿る霊力です。なぜことばに霊力があるのかというと、ことばによって、ありもしないことがらが生まれるからです。ことばを口にすることで、実体としての存在である「こと」をつくりあげます。この「こと」に宿る魂が、さまざまな作用を及ぼすプロセスが、言霊信仰です。

同様に、ことばのもつ霊力を表わすのが「ことわざ」です。

たとえば、夜、爪《つめ》を切ると親の死に目に逢えない、などといいます。「ことわざ」とは、ことばの「しわざ」です。ですから、夜、爪を切ってはいけないという「しわざ」によって切らないようになる。これが「ことわざ」です。

万葉の時代には、口にすることばの力が生きていました。

奈良時代の手紙を見ると、前書き、後書きだけで、用件が書いてありません。使いの者が手紙を持参しますが、肝心の用事については「使いの者が言上します」と書いてあるのです。

また、歌もそうでした。

古代、歌とは人間と神様が会話を交わすチャンネルでした。神様に聞いていただくためには、日常の俗なことばではだめなのですね。

また、ことばで相手をやっつけることを「ことむけ（言向け）」といいますが、これも、相手に向けて歌をうたうと、相手をことばで圧倒することができると信じていたことから、生まれたことばです。

『万葉集』といえども、書かれたものを眺めているだけではおもしろさが伝わってきません。

来《こ》むといふも　来《こ》ぬ時あるを　来《こ》じといふを　来《こ》むとは待たじ　来《こ》じといふものを

（来ようといったって来ない時もあるものを、来られないだろうといっているのに来るだろうなどと待ってはいますまい。来られないだろうとおっしゃっているものを）

よき人の　よしとよく見て　よしと言ひし　吉野よく見よ　よき人よく見つ

（立派な人がよいところとしてよく見て「よし」といったこの吉野を、よく見るがいい。立派な人もよく見たことだ）

このような歌のおもしろみも、字面《じづら》を眺めているだけではわからない。声に出してよんでみないと、そのよさ、おもしろさはわからない。聞きなれたリズムのなかに相手を引き入れつつ、歌いかけていく。

まさに古代の歌とは声によって「うったえる」ものです。

「こと」の力は、現代人の想像を超えてはるかに大きく、重さや深みをもっていました。古代の人々にとって「こと」は、魂を生起させるものでした。

とこ　つね

古代の人々は、人間の生命と植物の生命を、同じものとしてとらえていました。自然の世界に生きる以上、そこには春夏秋冬などの区切りがあり、一方、命の永遠を信じていた古代人にとって、時間とは円環するものでした。彼らにとっての時間概念を、日本語から探ってみましょう。

「今度の冬休みこそ、常夏《とこなつ》の国でバカンスを過ごそうと思う」「常日《つねひ》頃《ごろ》、アルコールは控えめにするよう心がけている」――。よく交わす話ですが、同じ「常」という漢字をあてながら、「とこ」と「つね」という。この二つの違いは何でしょうか。

「とこ」のつくことばは、古典文学にもたくさん登場します。「とこよ（常世）の国」

といえば、不老不死の仙境。「とこをとめ（常少女）」とは、老いることのない永遠の乙女。植物の撫子《なでしこ》も、別名「とこなつ（常夏）」といいますが、その花期の長さには驚くばかり。五月の終わりから咲き始めて、九月に入ってもまだ、どんどん咲き続ける。だから「とこなつ」と名付けられたのでしょう。このように、「とこ」とは永遠という意味で、しかも「とこ」が付くことばは、すべて褒めことばです。

また、「とこ（床）」も「とこ（常）」の仲間ではないかと思います。たとえば「とこのま（床の間）」。これは、十六世紀頃登場した書院造に取り入れられた、主君の座ですが、ここは聖なる空間、いわば「ハレの場」でした。一家の求心力や、一族が絶えることなく永久に続くことの象徴、それが「とこのま」です。「ゆか」の一部に「とこ」を置くことで、建物全体を統率する秩序を与えたのです。

寝ることを「とこ（床）につく」、寝る場所を「ねどこ（寝床）」といいますが、これもやはり、堅牢《けんろう》な場所でこそ安眠できることから、「とこ」というのではないでしょうか。

また、理髪業のことを「とこや（床屋）」といいますが、昔は「かみゆひどこ（髪結ひ床）」、省略して「とこ」とよばれました。なぜ「とこや」とよぶのか。人の命を預かるところだったからでしょう。

前にもふれましたが、髪や髭《ひげ》、爪は、心臓が停止した後でも伸びることから、それらを切ることは、命を絶つことを意味しました。スサノオノミコトが天上界から追放される時、爪と髭を切られますが、それは最終的な生命力まで絶たれることにほかなりませんでした。「とこや（床屋）」は、その髪や髭を扱うのですから、人の命を預かるのと同じです。そこで、「とこや」とよばれてもふしぎではありませんね。

このように「とこ」とは、永遠の命にかかわるものに付くことばです。

一方、「つね」とはどういう意味をもつのでしょう。

「つねあし（常足）」ということばがあります。「足」とは、ものの高さのことで、「つねあし」とは、机にしろ椅子にしろ標準的な高さのことです。また、「つねのひと」といえば、凡庸《ぼんよう》な人のこと。ほかにも「よのつね（世の常）」などというように、「つね」とは「ふつうに決まっていて、とくに変化もない」ことです。

そこで、「とこ」が永遠なのに対し、「つね」は不変をも意味しました。永遠不変ということばがあるように、私たちは時に永遠と不変とを、同じ価値をもつものとしてとらえがちですが、しかし、古代の人々はそれを一緒にしたりはせず、永遠は「とこ」、不変は「つね」として区別していました。

そして「とこ」とは超越した永続性をもつ、いわば時間を超える時間だったのです。

とき　ところ

「とこ」とは、永遠という時間概念でした。その最後のo音とi音との違いで、「とき」となります。このように、古代人には、「とこ」と「とき」という仲間のことばがありました。

『日本書紀』に「ときじくのかくのみ（非時香菓）」というものが出てきます。田道間守《たじまもり》が垂仁《すいにん》天皇の命を受けて探しに行った、不老不死の果実。永遠の命をもつ木の実で、橘《たちばな》のことです。「ときじ」の「じ」は否定を示す助動詞で、形容詞の語尾となっても「非時」という漢字の意味と合致します。「ときじくのかくのみ」とは、「とき」の支配を否定する、永遠の果実。となると、「とき」とはかなり限定的な時間を指すことになります。

私は、「とこ」が永遠を示す時間概念であるのに対し、「とき」とは、その永遠なる時間を区切った、一点一点をいうのではないかと思います。時間と時刻といってもよいでしょうか。

さて、「ところ」という空間概念があります。

私は、「ところ」とは「とこ」＋「ろ」だと考えます。「ろ」は「ら」などとも変化する、親しみを表わす接尾語です。たとえば、「こ（子）」に「ろ」を付けて「ころ（子ろ）」、「いへ（家）」に「ろ」を付けて、東国では「いはろ（家《いわ》ろ）」という。「憶良ら」などと自分でいうのと同じです。この「ろ」が「とこ」に付いて生まれたことばが「ところ」ではないかと考えるようになりました。

時間に対して、「ろ」をつけて空間を示すとは、古代の人々にとって、時間と空間が一組みだった証拠です。

よく「宇宙」とか「世界」とかいいますが、これらも「宇」や「界」は空間、「宙」や「世」は時間のことです。こうした熟語を生んだ中国の考えとも一致する日本語の構造を示すのが、「とこ」と「ところ」です。

かげ

ことばを働きで分類していくと、その本質がみえてきます。

五三ページで、「かげ」は「影」「陰」「蔭」などと書き分けられるが、基本は、光によって浮かび上がるものの姿であるといいました。

「かげ（影）」は、「かげぼうし（影法師）」などのように、光によって投影されたシャドーだけでなく、光そのもの、という意味ももちます。「月影さやかにわれを照らす」などと用いられる「つきかげ（月影）」とは、地上に落ちた影のことではなく、月の光そのものです。

古代の人々は、実体と影とを区別しませんでした。夜、月光を浴びて地面に人影が落ちる。それを、現代人は単なる影だと考えますが、古代人は実体が地上に移動したものだと考えた。実体と非実体の区別をしなかったのです。

そういう認識が「おもかげ」ということばを生みました。「おもかげ（面影）」とは、その人の記憶に投影された、ある人の顔や姿のこと。しかし古代人にとって、投影された影とは、実像にほかなりませんでした。「面影を偲《しの》ぶ」というのは、ただ誰かを想《おも》い出すのではなく、その人に相対して想いを告げる。それほどリアルな行為だったのです。

その人自身を「かげ」という例は、『源氏物語』（匂宮）のなかにも出てきます。光源氏の死後の物語は、「光隠れたまひにし後《のち》、かの御影《みかげ》にたちつぎたまふべき人、そこらの御末々《すゑずゑ》にありがたかりけり」というフレーズで始まります。「光」とはもちろん光源氏のこと、「ありがたし」は滅多にないことですから、光源氏が亡《な》くなった後、その「御影」を継げるような人物は、後々の人のなかにもいなかった、と記しています。この「御影」とは、もちろん光源氏そのものを指します。

このように、古代人は実像と虚像とを区別しませんでした。地上に影が落ちれば、その人物が地上に移動したと考え、面影が浮かべば、その人物が実際に現われたと考えた。「かげ」は単なるイリュージョンではなく、リアルな実体でした。

うつし

「かげ」を実体そのものだと信じていた証拠が、愛する人を他者のなかに発見することば、「うつし」です。

正倉院文書（八世紀の造東大寺司写経所《ぞうとうだいじししゃきょうしょ》の古文書）のなかに、最初は文字が欠けて判読できませんが、

……家の　韓藍《からあゐ》の花　今日見れば　うつし難《がた》くも　なりにけるかも

のような歌があります。

鶏頭《けいとう》の花が枯れてしまったから、愛する人の姿を「うつし難く」なってしまった、

という歌です。
「うつす」と聞くと現代人は、「映す」「移す」「写す」のどれかと考えてしまいます。映画を「うつす」、住居を「うつす」、写真を「うつす」……。同じことばであっても、使い方が違えば別語だととらえるモノ分類に対し、働きが似ていれば同じことばだと考えるのが働き分類です。映画をうつす、住居をうつす、写真をうつす。これらに共通する概念は「移動」です。

映画をうつせば、映像がスクリーンにそのまま移動する。住居をうつせば、生活が移ります。カメラで顔をうつせば、顔そのものが写真に移動する。つまり「うつす」とは、何かが動いて別の場所に行くことです。

先の歌も、鶏頭の花とは愛する人を連想する手がかりだと解釈するのは誤解で、正しくは、愛する人が移動して鶏頭の花になっていたのに、花が枯れてしまったので愛する人もいなくなってしまった、ということです。古代の人々にとっては、連想する手がかりなどではなく、愛する人が鶏頭となって現実に目の前に現われたと考えるのです。私はこれを、風邪のウイルスが自らを複製して増殖するのに似ていることから、ウイルス説とよんでいます。
「うつす」がこのような意味をもつのは、そのことばの成り立ちともかかわります。

「夢うつつ」といえば、夢か現実かわからない状態のことをいいますが、この「うつつ」と「うつし」の「うつ」は同じものです。「うつつ」とは現実のことですが、じつは「うつつ」とは「うつうつ」が縮まったことばで、「うつ」とは、そのものが実際に存在しているという意味をもちます。

ですから、「うつし（現し）」は、実際に事実として存在していることを表わす形容詞です。そして、この「うつつ」「うつし」と、「うつる」「うつす」は、根っこの同じことばなのです。

「うつし」は、平安時代に入り、さまざまな文学作品にモチーフとして登場します。最も有名な例は、やはり『源氏物語』でしょう。広く知られているように、光源氏がもの心つかないうちに、実母の桐壺更衣《きりつぼのこうい》は死んでしまいます。更衣の没後、父帝《ちちみかど》は更衣そっくりの藤壺《ふじつぼ》を迎え入れます。源氏は、母の身代わりとして藤壺を慕い、ついに関係をもってしまう。こうして母親への強い思慕は、「うつし」のなかで成就《じょうじゅ》するのです。

しかしこの愛は所詮《しょせん》、不倫の愛。そこで、次に藤壺の姪《めい》、のちの紫《むらさき》の上《うえ》が愛の対象となり、結婚します。これも「うつし」で、愛する女性が亡くなった時、忘れ形見の子を愛するようなものです。源氏と紫の上の間には子が生まれなかった。これについては、母恋いを発端とする関係だったため、母親代わりの紫の上との間に子はあってはならないと、作者の紫式部が考えたと理解することもできます。

さて、もとになったものと、うつされたもの、この二つが別物ではないという考え方は、とくに日本人の死生観に色濃く反映されています。その代表的な文学作品が『浜松中納言物語《はままつちゅうなごんものがたり》』（十一世紀半ばに成立）です。

主人公浜松中納言の父は、没後、唐《もろこし》の皇子として生まれ変わります。大人になった中納言は唐に渡り、わずか七、八歳の皇子（＝父）と対面し、互いに親子の情を交わし合う。また、唐で中納言と愛を交わした唐后《からきさき》（皇子の生母）は、中納言が帰国後、吉野《よしの》で出会い、思いを寄せながらも添い遂げられなかった姫君の胎内に、生まれ変わる。

あらすじを聞いただけでは理解不能なように、昔から荒唐無稽《こうとうむけい》な物語として評判が悪いのですが、それは現代人の感覚で考えるからでしょう。三島由紀夫（一九二五―七〇）がこの物語に想を得て、『豊饒《ほうじょう》の海』を執筆したことはよく知られています。古代の人々にとっては、生命の生まれ変わりも「うつし」であり、かりに姿を変えていても、同じ人物がこの世に再び誕生するものと考えられていました。「うつし」とは、永遠の存在を信じることばだったのです。

第二章　本質的な働きから考える

あやしい　うつくしい　みにくい

「あやしい奴《やつ》」といったら、どんな人のことでしょうか。何だか正体がつかめない、容貌《ようぼう》や言動がふつうではない、不思議な人が思い浮かびます。まさに「怪しい奴」。

しかし、そもそも「あやしい」の古語「あやし」とは「あや」＋「し」で、非凡だ、非常に美しい、などの状態を指すことばでした。たとえば「綾錦《あやにしき》」などということばがあるように、美しい模様を織り込んだ絹地を「あや」といいます。

本来、「あやし」とは善悪を超越した価値観でした。尋常でない美しさ、常識でははかり知れない不可思議さなど、凡庸《ぼんよう》を超えた状態のものを「あやし」ととらえ、よいほうに「綾」「彩」「綺」などの字をあて、よくないほうに「怪」をあてたことから、現在の混乱が始まりました。

ん。

「あやし」に見られるようなことばの本質的な幅は、日本語だけの特質ではありませ

たとえば漢字の世界でも、「乱」という字は「乱れる」「混雑する」という意味ととも

もに、「治める」という意味ももち、「乱民」とは、乱れた民だけではなく、民を治め

ることもいいます。こうした本質的な意味の幅を理解することによって、ことばの世界が広がることに、私たちはもっと気づかなければなりません。

「あやし」に関連して、美醜にまつわることばをいろいろと見てみましょう。

まず筆頭にあがるのは「うつくしい」の古語「うつくし」。今は「あの人は目鼻立ちの整ったうつくしい人だ」などと使いますが、本来は「かわいい」という意味でした。「うつくし」は「いつくし（慈し）」から変化したものだといわれ、目上の者から見た、目下の者のかわいらしさをいいます。

では、「目鼻立ちの整った端正な美しさ」を、古代ではどう表現したのかというと、「うるはし（麗し。〔うるわしい〕の古語）」といいました。「うるはし」のもとのことばは「うるふ（潤う）」だといわれますが、きちんと整った美しさに使われます。心に潤《うるお》いを与えるものは、この高貴さなのではないでしょうか。

また、繊細な美しさを表わすことばに「くはし（細し）」というのもありました。

「くはしめ」といえば、繊細な美をもつ女性のことです。

さらに日本では、光をもって美を表現するという習慣があります。今までにも、「かぐや姫」「光源氏」などのネーミングが出てきました。

反対に、美しくないことをどういったかというと、「みにくし（醜し。〔みにくい〕の古語）」とか「しこ（醜）」といったことばで表わしました。「みにくし」とはもちろん、見難い、見苦しいことから生まれたことばです。「みにくし」「しこ」とは、異形であることを意味しました。

しかし、とくに「しこ」は、異形であることによって、「異常に力強い」「たくましい」といった意味ももちます。

その一例として大国主神《おおくにぬしのかみ》をアシハラノシコオともいいます。これは、現実の秩序には不調和なほどの力をもっているとか、畏《おそ》れられる形相をしているなどの意で、単に顔が醜かったからつけられたのではありません。『古事記』（上巻）によれば、大国主は兄たちにいじめられて大火傷《おおやけど》を負うのですが、それが治ると「麗《うるは》しき壮夫《をとこ》になりて」遊び回ったとあります。

さらに興味深いことに、醜の者も美しい者も、辿《たど》る運命はただ一つ、放浪でした。稀代《きだい》の美男として知られる在原業平《ありわらのなりひら》（八二五―八八〇）も、世紀の美女である小野小町《おののこまち》

（生没年不詳）も、放浪とその果てにある死を運命づけられていますし、かぐや姫も、最後は天上へと消え去り、この世での幸せを全うすることはありませんでした。光源氏もしかりです。

それでは醜女《しこめ》はどうかというと、やはり放浪しています。

『古事記』と『日本書紀』に、次のような話があります。

丹波国《たんばのくに》の王の娘たちは揃《そろ》って垂仁《すいにん》天皇のもとへお嫁に行きますが、そのうちの二人（『日本書紀』では一人）が、「しこめ」を理由に返されます。「しこめ」の娘は恥じて、そのうちの一人は放浪の後、死んでしまいます。「醜いから帰れ」といった、よくある世俗的な話のように思えますが、そうではありません。彼女は「恐るべきしこめ」で、この世ならざる者であったため、放浪しなければならなかったのです。

美の力と、醜の力とは同じもので、そのような異様な能力をもっている者は、世俗には相容《あいい》れられず、放浪する運命にありました。それは「異」なるものを嗅《か》ぎ分けて畏れる、古代の日本人の心理ゆえでした。

かしこい　さとい

頭がよいことを「かしこい（賢い）」とか「さとい（聡い）」などといいます。この「かしこい」は「あやしい」と同様、意味範囲の広いことばです。

今日「かしこい」といえば、思慮分別があることなどを指しますが、もともとは違いました。「かしこい」の古語は「かしこし」で、これは「かしこまる」「恐《かしこ》み恐みも白《もう》す」などの「かしこ」に「し」が付いたことばです。

「かしこ」は、威力や霊力のある偉大な人やものを畏《おそ》れ敬うことで、漢字をあてれば「畏」「恐」となります。真に尊いもの、敬うべきものは畏るべきもの。「かしこい」男だというと、恐れおののく気持ちと、あがめ敬う気持ちが同居します。

このようなことばの幅が歌の解釈に影響を及ぼすこともあります。

『万葉集』には、「かしこし」ということばがたくさん出てきます。たとえば「おほきみの　みことかしこみ」というフレーズも頻出しますが、これを戦時中は「天皇のご命令が尊いので」と訳しました。

ところが敗戦後、戦争への反動で、「天皇の命令が怖かったので」などと訳が変わったりしました。天皇は非道なものだという批判的な見方が、古典の解釈にも及んだのです。

しかし、「かしこ」は、恐るべき力をもつものに対する畏怖を表わすことばですから、本来、尊いことと怖いことを分けて解釈することはできないはずで、「あやし」と同じように、ことばのもつ働き全体を受けとめなければならないのです。

このような意味からも、「かしこい」というのは、こちらが恐れを抱いたり、限りなく尊い者として尊敬できる、そういう人を評することばです。そのような人物が果たしてどのくらいいるのか、じっくり考えてみたいものです。


では、「さとい」の古語「さとし」とはどういう意味なのでしょうか。

これは「さ」＋「とし」で、「とし」とは、速度がはやいことをいいます。「疾し」あるいは「敏し」と書く。「と」で始まることばには、「とぐ（研ぐ）」「とがる（尖る）」などのように、鋭いといった語感があります。「さとし」も、気働き、心の働きが素早いことをいうことばなのだと思います。

たとえば「利にさとい」とはいうけれど、「利にかしこい」とはいわない。そこに「さとし」と「かしこし」の違いがあるのです。

豊臣秀吉（一五三七―九八）のような男は「さとし」だったのかもしれない。逆に柴田勝家（一五二二？―八三）は「かしこし」だったのかもしれない。

「聡」「賢三」などと、名前にも使われる「さとし」と「かしこし」ですが、いま一度、日本語の本来の意味から、名前の意味を考え直してみるのもおもしろいでしょう。

スローガンやキャッチコピーなどで、しじゅう見かけるのが「やさしい」ということばです。

やさしい

村山富市元首相の「人にやさしい政治」から、今はやりの「地球にやさしい企業」まで、「やさしい」はあちこちで使われて人気が高いのですが、具体的にどうするのが「やさしい」ことなのかと聞かれると、なかなか答えられない。

「やさしい」の古語は「やさし」。そのもととなったことばは「やす（痩す）」、現代語の「やせる」です。相手に対して、自分が痩せるような思いをすること、それを「やさしい」というのです。

どんな時に痩せるような思いをするかというと、人格がすぐれていたり、地位が高くて裕福な人を相手にした時、何だか肩身が狭く、恥ずかしくなったり気が引けたりして、身の細る思いをするでしょう。そういう気持ちを表わすのが「やさし」でした。

山上憶良《やまのうえのおくら》の歌にこうあります。

世間《よのなか》を　憂《う》しとやさしと　思へども　飛び立ちかねつ　鳥にしあらねば
（世の中をつらい、恥ずかしいと思うのだが、飛び立ちのがれることはできない、
鳥ではないので）

「私は情けなく恥ずかしい」という気持ちを「憂しとやさしと」という。ところが今、私たちは「あの人はやさしい人だ」というように、「やさし」を相手に対する形容詞としてしか、使わなくなりました。思いやりがあるとか優雅だとか、相手のふるまいだけを問題にするのは、自分のことは棚上げにして、責任をもたないということです。本来の「やさし」の意味からみれば、逆の使い方になっているのです。

「やさしい」ということばを口にする時、私たちはまず、自分が相手に対して身が痩せるほど恥ずかしいと思うかどうかと、まず自身に問わなければなりません。つまり「やさしい」は、相手に対する尊敬の気持ちを表わすことばでもあります。

「地球にやさしい環境」といったキャッチフレーズも、本来の意味から探ると、具体的な内容が見えてきます。地球という尊敬すべき相手に対して、人類として恥ずかしくない行ないは何かと考えること。つまり、他の動植物の命や環境を尊重するふるま

いや生き方を選択し、それに責任をもつこと。それが地球にやさしいということです。

ところで、「やさしい」のほかにも、「たのしい環境」「あそびの空間」などと、私たちが身近に見かけることばの多くは、やまとことばです。

やまとことばは意味範囲の広いことばですから、「安楽」「享楽《きょうらく》」「娯楽」などと漢語では細分化される「たのしい」を、すべて含めて表わすことができる。そのうえ、漢語より語感が柔らかいでしょう。だから、どの地方都市でも、どの政治家も使いたがる。そしてその結果、どのスローガンも内容はそれぞれ違うのに、みな同じように見えてきてしまうのです。

やまとことばは情緒的でもありますから、むやみに使うとかえって何をしたらいいかわからなくなります。発信するほうも受け取るほうも、ことば本来の意味に対する理解がなければ、使う効果が半減します。

ことばの本来の意味をよく考えて、具体的に何をどうしたらいいのか、わかるようなキャッチフレーズをつくりたいものです。

しる　しろ

すでに働き分類などということばを使いましたが、私はことばを、その働きでとらえなければならないと考えています。

くりかえしますと今日の日本人は、「花」と「葉」は仲間だと考えても、「花」と「鼻」、「咲く」「盛り」「酒」を仲間だと考えることができなくなっています。それは、ひとつひとつの事物を、区別されたものとするモノ分類で考えているためです。

しかし、花が咲く状態も、酒を飲んだ気分も、秀《ひい》でた鼻も、みな同じ状態や働きを示しています。これらは「はな」として一括分類したほうがよい。これが働き分類です。

その一例に、「しる」という日本語があります。この意味を「知らない」人はいないでしょう。「しる」は本来、「関係をもつ」という意味でした。領有することを「しる(領る)」といい、漢語で「知行《ちぎょう》」などともいうように、「もつ」ことを表わします。わかる、理解するという意味も、所有の一つの形態です。

この「しる」を含む古語に、「しるし」があります。はっきり認められる、明白だ、という意味。今は「著し」という漢字をあてますが、『万葉集』には、「灼」という字をあてた例もあります。「灼」は「明らか」という意味です。

雲だにも　灼《しる》くし発《た》たば　心遣《や》り　見つつもせむを　直《ただ》に逢ふまでは

（せめて雲だけでもはっきりと立ったなら、見ながら心やりをしようものを、直接逢うまでは）

さらに、この「しるし」は「はなはだ」という意味をもつ「いち」と結びついて、「いちじるし（著し）」ということばをつくります。

そして「しる」に「べ」が付くと、今度は「しるべ」ということばが誕生する。道標の「しるべ」です。

「しる」の後に「す」を付けると「しるす」となり、ある兆《きざ》しを見せたり、目印となったり、記録したりすることをいいます。このように、「しる」とは、ものごとがはっきりする、クリアになる、という意味をもちます。

「しる」と同じ発音をすることばに、「痴《し》れ者」などと使われる「しる（痴る）」があります。漢字もよく似ていて、「知」、「痴」。やまいだれが付くかどうかが違う。この二つは活用が異なっていて、「知る」ほうは「しらず・しりて・しる」といった四段活用をし、「痴る」ほうは「しれず・しれて・しる」と下二段活用をする。その意味は、「わかる」ことと「わからない」ことで、相反するように思えますが、この二つが仲間語であることを説明してくれるのが、「しろ」ということばです。

「しろ」ということばを聞いて想像するのは「白」でしょう。新雪の色、くすみのない無垢《むく》の色、それを「しろ（白）」といいます。「白」は、色彩学上は無彩色ですが、視覚的には誰が見ても明らかな、はっきりした色、だから「しろ」。

ちなみに色彩を示すことばに「あか」もありますが、これは「あかるい」色だから。古代では、紅も「あか」、茶色も「あか」、黄色も「あか」です。「き（黄）」ということばは、ずっと後になってから出てきます。

「知る」と「痴る」は、明白になるほうの「しる・しろ」と、無垢で空白な「しる・しろ」を、活用の違いで示したものではないでしょうか。

「しろ」という日本語は、じつにおもしろいのです。そもそも「おもしろい」も「しろ」を含みます。「おもしろい」の「おも」とは面。「おもしろい」とは、目の前が明るくなったり、楽しくて顔面が晴れやかになったりする、そういった心の状態を表わします。

一方、「とをしろし（遠白し）」ということばが『万葉集』に出てきます。「おもしろい」が面であるのに対して線の状態で、遠くまではっきりしていることから、雄大であるという意味になり、「川遠白し」などと用いられています。

平安時代に「かべしろ（壁代）」ということばが生まれました。几帳《きちょう》ともよばれた、室内の仕切りや目隠しに使う帳《とばり》のこと。

同じように「代」と書いて「しろ」とよませるものに「身代金」があり、「みのしろ（身の代）」とは代償として差し出す人のことですから、何かの代わりをするものが「しろ」なのだとわかった気になるのですが、ことはそう単純ではありません。

じつは、古く「つきしろ（月代）」ということばもありました。これはけっして月の代わりなどではなく、月の働きを指すことばです。

そして、「しろ」は神様の名前にも現われます。

大国主《おおくにぬし》の子である事代主《ことしろぬし》という神様で、ことばの力の神様であることから、壬申《じんしん》の乱（六七二年）の時にも託宣を下す神として登場します。「事代」の「しろ」を、「知る・領る」の「しろ」と解釈して、「物知りの神」とする説もありますが、どうでしょう。この神は神言の神格そのものとしての神です。

「ことしろぬし」はことばそのものではないが、ことばの神様。このように同じ働きをもつ他者、それが「しろ」の本質です。「かべしろ」も壁ではないけれど、風を避《よ》けたり視線を遮ったり、壁の働きをするから壁そのものだ、「みのしろ」もまた、その本人と同じだけの価値がある、という認識です。同じだけれど、他者である、それが「しろ」です。

この「しろ（代）」と、色の「しろ（白）」は、その昔、ほんの少し発音が違うことばでした。そのことから、別語だと解釈されているのですが、私はこの二つも、発音はほんのちょっと違うけれど、仲間語だと考えます。

たとえば「しらき（白木）」とは、色が白い木のことではなく、加工していないそのままの木材をいいます。

素の状態を「しろ」という。だから、木肌が黒くても赤くても「しらき（白木）」です。「そのもの」という意味をもつものに、「白」という字をあてています。

このように、「しる（知る）」「いちじるしい（著しい）」「しるす（記す）」「しれもの（痴れ者）」「しろ（白）」「おもしろい（面白い）」「しろ（代）」は、働きという視点で考えると、つながりのある仲間語であることがわかります。

一見、異なることばでも、その働きから分類すると、同じ現象に根ざしていることが少なくありません。

そうして掘り下げてみることで、ことばの本質がよくわかります。

誤解していませんか

日本語の基本ルール

第一章　音と訓とはなにか

およそ四世紀、応神天皇《おうじん》の頃に朝鮮半島の百済《くだら》の国から渡来した王仁《わに》が、『論語』と『千字文《せんじもん》』を伝えたのをきっかけに、中国大陸で生まれた漢字というものが、日本語に移入しました。

人々は漢字を中国語の字音で発音するほか、すでにあったやまとことばに漢字をふりあてました。この字音読みを音、やまとことばのよみを訓というのだと信じている方が多いのですが、じつは、単純にそうとはいいきれないのです。

伝来した漢字すべてに、対応するやまとことばがあったわけではありません。たとえば「麦」という字の音は「ばく」、訓は「むぎ」だと学校で習ったでしょう。そうすると中国語の発音が「ばく」で、日本では昔から「むぎ」と発音していたのかと納得してしまうのですが、これは誤りです。「麦」という植物は、もともと日本にはなかった。だから「麦」を意味するやまとことばもありませんでした。

では、なぜ「むぎ」というよみ方があるのか。これは、原音の「ばく」が変化して「むぎ」ということばができたのだと思われます。

　これまた、現代の発音での説明は便宜的なものですが、「ばく（baku）」も「むぎ（mugi）」も、最初の「ば（ba）」と「む（mu）」は、ともに唇を閉じて発する音で、よく交替します。とくに呉音（日本にいちばん古く入ってきた音）のb音は、次に入ってきた漢音でm音に変わります。馬場《ばば》の「ば（ba）」が、駿馬《しゅんめ》の「め（me）」となります。同じように「けぶり（煙）」が「けむり」、「さびしい（寂しい）」が「さみしい」と変わります。また、「く（ku）」「ぎ（gi）」は、喉《のど》のどのあたりから発声するかだけの違いです。ひらがなでも「く」と「ぐ」と区別するだけですし、英語でも「q-」「g-」と文字の形を多少変えるだけです。

　このように「むぎ」は、外来語の「ばく」が日本語化したことばにすぎないのです。「むぎ」と同様、漢字から生まれた訓に「かみ」と「ふみ」があります。

　紙の製法は二世紀の初頭、中国大陸で発明され、日本には文字が伝来したもっと後、七世紀の初め頃に伝わったとされています。紙が伝わる前から、木や竹を平らに削った「簡《かん》」が渡来しており、日本人はそれに文字を書いていました。木簡、竹簡とよばれるものです。

この「簡」を、今、私たちは「かん（kan）」とよみますが、渡来した時の音は「かむ（kam）」です。この「kam」に「-i」が付いて、「かみ」ということばになりました。日本語には口を閉じたままの「-m」という音がないので発音できない、そこで「かみ（kami）」となったのです。紙は、「し」という音とともに日本にやってきました。しかし、すでに日本には文字を書くものとしての「簡」が存在していましたから、そのまま「紙」のよみとして「かみ」を使いました。つまり「かみ」とは外来語です。

「ふみ（文）」もまた外来語です。「文」が入ってきた時の音は、「ぶむ（bum）」か「ふむ（fum）」であったろうと思われます。その発音が変化して、「ふみ（fumi）」というようになったのです。古くは「ふみ（文）」というのは、いわゆる漢文で書かれた漢籍を指していました。それがしだいに、漢籍以外の文章や文書のことも、広く「ふみ」というようになったのです。そして、漢字「筆」の訓と考えられている「ふで（fude）」も「fitsu」の日本人的な発音でしょう。

このようなケースはほんの一例で、やまとことばだと信じ込んでいる外来語は山とあることでしょう。そのような誤解を助長しているのが、音と訓に対する間違った認識です。日本は昔から地理的な状況から、絶えず外来語を受け入れてきました。それをそのまま自国語に取り入れたり、在来の日本語をあてたりして、積極的に取り込むことで、豊かな文化を築いてきたのです。

第二章 意味の豊かさこそ日本語のたから

日本語は、漢字によって飛躍的に進化しました。漢字は使い勝手がよく、日常に欠くべからざる存在です。しかし、その功とともに罪の部分も認めなくてはなりません。音と訓の誤解もそうですが、それよりも大きな問題は、漢字が日本語のもつ働きの意味を奪ってしまっていることです。

日本語は、「かく（書く・欠く・掛く）」のように、漢字ではさまざまに書き分ける内容をすべてもっています。このように多様な日本語の、その場その場の内容をひと目で識別できる手段が漢字です。だから、いきおい漢字を多用するようになる。とくに最近は、パソコンですぐに難しい漢字が出てくるものだから、なおさら安易に漢字を使用する傾向にあります。

しかし、そうした漢字依存が、日本語のもつ本来の意味を失わせていくことになります。

たとえば、右にあげた「かく」は、文字や絵を「かく」時に用いますが、このことばは、漢字や簡や紙が渡来する以前からあったと考えられます。

文字がないのに、どうして「かく」ということばがあるのか。その答えが縄文の土器です。土をこねて成形したものに縄目をはりめぐらしたり、線文様などを刻んだりする。この時、先の尖《とが》ったもので、柔らかい粘土を引《ひ》っ搔《か》くでしょう。原初の「かく」とは、搔いて表面の土や石を欠くことだったのです。

ものに傷をつける「搔く」行為は、指を使って行なう動作です。後世の例ではありますが、琴を「搔き鳴らす」など、「かく」は、指先や爪《つめ》で何かを動かすことを示す接頭語として用いられることもあります。ですから漢字が入ってきた時、指を使って何かを記す動作を「かく」といい、同じく指で絵に表わすことも「かく」といったのです。そして両者を、「書く」「描く」などと漢字を変えて区別するようになりました。しかしそのために、「かく」というやまとことばが、本来はどういう働きを示すものなのかが、わかりにくくなってしまいました。

一休ばなしに「このはしわたるべからず」という、有名な話がありますね。単なる駄洒落《だじゃれ》のように受けとめられていますが、これこそ、日本語の豊かさを示してくれる逸話です。「はし」は橋なのか端なのか、どちらの意味だろうかと、意味を限定して理解しようとすることほど、日本語を痩《や》せさせるものはありません。

さらに、「はし」には本来、「間」の意味がありました。たとえば箸《はし》は二本の間でつかむから「はし」、鳥の「くちばし」も同様です。両岸をつなぐから、橋を「はし」といったのです。この頓知《とんち》から、「橋」「端」「間」を思い浮かべる遊びは、楽しいではありませんか。

最初にあげましたが、柳田国男《やなぎたくにお》は「どんな字病」ほど恐ろしい病気はないといいました。それは「どんな字を書くのですか」と絶えず問いかける人々への警鐘です。

日本語は包容力のある、創造性豊かな沃野《よくや》をもちます。

第三章　日本語はあいまいか

日本語は、よく曖昧《あいまい》な言語だといわれます。日本語のみならず日本人も曖昧だといいます。

たとえば、『源氏物語』冒頭の桐壺更衣《きりつぼのこうい》を語る一節にこうあります。

いとやむごとなき際《きは》にはあらぬが、すぐれて時《とき》めきたまふありけり

桐壺更衣は、たいした名門の出ではなかったが、桐壺帝に寵愛《ちようあい》された、と語られます。このなかの「が」について、「たいした名門の出ではないが、大いに寵愛された」なのか、「たいした名門の出ではない人が、大いに寵愛された」なのか、昔から論争の種になっています。

つまりは、「が」を、上下をつなぐ接続の助詞とみるか、文章の主語を示す助詞とみるかという問題なのですが、文章を味わいながらよむと、そのどちらにもとれるの

ですね。「が」自体、接続の働きがもとで、やがて、主語の機能をもつようになったという考え方もあり、根っこは同じかもしれません。私は、こういうものを厳密に区別しなくてもよいと考えています。

そもそも、「曖昧」ということばについてよく知らずに、「日本人は曖昧だ」という人も多いのではないでしょうか。

ひと目見てわかるように、「曖昧」とは中国から来たことばです。やまとことばには、「曖昧」に対応することばはありません。なかったからこそ、外来語（中国語）を使ったのです。「コーヒー」と同じで、今までなかったものだから「コーヒー」といった。かりに「こげ茶茶」とよんだとしても、茶そのものが、また外来語です。

中国語の「曖昧」とは、本来「くらい」という意味です。それに匹敵することばを日本人がもたなかったということは、「曖昧」という概念をもっていなかったことになります。

ただ、漢字だからこそ、表現できる世界もあります。

この「曖昧」もその一例です。「曖」も「昧」も暗いという意味で、暗いと何となくはっきりせず、ぼんやりする。恋愛もぼーっとしたり、ぼんやりしたりしますね。「曖」に「愛」という字が含まれ、発音が同じであるのも、そのようなところからきているのでしょう。

また、「優」という字は、「憂」と「人」の組み合わせでできています。憂《うれ》いをもった人はすぐれている。だから、ほかよりまさっているものを表わすのが「優」です。ものの等級を表わす時、「優」「良」「可」で評価し、「優」を最上のものとします。漢字は、画数の多いもののほうが内容が豊かで、おおむね価値が高い。そのとおり「優」「良」「可」は画数の多い順になっているではありませんか。豊（豊）、華（花）、龜（亀）、みんな何と多いことか。

同じく画数の多い漢字に「憂鬱《ゆううつ》」があります。ごちゃごちゃしていて簡単には書けないし、見るからに憂鬱な気分になる。簡単に書けるなら文字として不適格なのです。

このように、漢字には漢字のすばらしさがあります。そして漢字自体の意味を深く考えてこそ、それを取り入れてきた、古代の日本人の感性や考え方が理解できます。それをせずに、今日、使われていることばの一端をとらえて、日本語が曖昧だとか、後れた言語だというのは間違いです。

日本語は、けっして曖昧な言語ではありません。おのおのの語感や語源をたどると、日本人が、どういう内容をそのことばに込めたのかが、明確に立ちあらわれてきます。

何よりも個々の現象だけでことばを生んだのではない、働きの幅の広さとしてこそとらえるべきです。

第四章　失われた古代の発音

古代の発音がほんの少し違うことばも仲間語だと述べてきました。たとえば「ひ（日）」と「ひ（火）」、「こひ（恋）」と「こひ（乞ひ）」などのケースです。この〝ちょっとした発音の違い〟とは、国語学的にどういうことなのでしょうか。

日本人は、一五〇〇年ほど前、やまとことばの音に中国からやって来た漢字をあて、ことばを書きつけることを始めましたが、このあて方を見ていると、たとえば「ひ」という音についていえば、「日」の意味の時は「比」など、「火」の意味の時は「非」などの字が使われ、両者が混同されることはありませんでした。そこで、「日」と「火」は、現代人こそ同じ発音をするけれども、古代人は別の発音をしていた、だからこう区別されているのではないか、という考えが起こりました。この方法を学界では「上代特殊仮名づかい」とよび、区別を甲類・乙類といいます。

その結果、甲類のかなと、乙類のかなによって書き分けられた、二つの音韻があるとされました。甲類はふつうの発音ですが、乙類は中舌音とされます。「Ü」など、ウムラウトの付いた音です。

しかし、その区別の本質は何かというところが問題です。はたして音韻の違いなのか。発音だけが違うのではないか。

たとえば「こひ（恋）」と「こひ（乞）」は、甲乙が違うから別の語である、というのですが、意味は似ています。また甲乙の違いといっても、標準語と東北方言ほどの違いですから、別物ではない。

そのわかりやすい例が、神様の「かみ」です。「かみ」には十指にあまる語源説があるといいましたが、最も知られているのは「天上、つまり『かみ（上）』にいるから『かみ（神）』」という説でしょう。ところが「かみ（神）」と「かみ（上）」は、「み」の甲乙が違うのです。「かみ（神）」の「み」は乙類で、「かみ（上）」の「み」は甲類です。

そこで私は考えます。甲乙の区別は、同類の仲間ことばの多少の差異を示す発音の違いではないかと。私は「かみ」は「くま」と同じことばから出たものだと考えていますが、上を意味する「かみ」が、まったく別のことばだとは思えません。神が上にあることについては、言をまたないからです。神は上にありながらも、上そのものではない。神と上とは密接な関係をもち、別物でありながらもなお同類として、お互いを含め合うものです。

同様のことは「ひ（日）」と「ひ（火）」にもいえます。天上にある日が、地上に降りて火となる。人間の知恵として、太陽から火を起こすということは、古代、普遍的に行なわれたことでした。

そして「よ」もそのように考えるべきだと思います。「ひ（日）」の反対である「よ（夜）」。ここから「ひる」「よる」ということばも生まれるのですが、夜の「よ」と、世の「よ」も甲乙が異なります。世の「よ」は乙類で、同じ乙類の「よ」には「代・齢・節」などがあります。すべて「ひとくぎり」としての意味をもち、そして甲類である「よ（夜）」もまた、時間の幅をいいます。私は、そもそも「よ」とは、区切りという意味をもち、そのなかでも夜の「よ」は特別な存在だった。だから、発音がほんのちょっと違うのだと考えます。

「かはべ（川辺）」の「へ」と、「うへ（上）」の「へ」も、前者が甲類、後者が乙類です。甲類の「へ」は、助詞の「どこどこへ行く」の「へ」と同じで、「あたり」という意味を表わします。それに対し乙類の「へ」は、「川のへ」「野のへ」などと使われると「上」という意味になり、「身のうへ」といったことばでは「何々に関する」という意味になります。いわば、英語の〝on〟のような存在だと考えればわかりやすいでしょう。これも、あたり全体を指す「へ」から、上をさす「へ」が分かれたと考えることはできないだろうか。つまり、あたりを指す「へ」と、上を指す「へ」とは、古代人の意識のなかで連続していたのではないかと思うのです。

私はこのように、類の甲乙が違うから別語であるという考え方をとらずに、仲間語だから、同じでちょっと違うことばであると、とらえてきました。

ですから、甲乙の違いが音韻によるという説についても、疑問をもっています。そもそも日本語は、音韻や音素が非常に微弱で、ほとんどないといってもよいくらいです。ところが、英語やフランス語には音韻が明確にある。そのため韻を踏む詩が成立します。中国語もそうですね、漢詩では必ず韻を踏む。ところが日本語はそれが微弱ですから、音韻ではなく音数の区別で詩をつくってきた。たとえば和歌は三十一文字、俳句は十七文字。これらは韻文ではなく、音数による律文です。

このように、甲乙の違いについても、私は音韻ではなく、発音の違いと認識しているのです。なお、このことについては、私の文章「万葉のことば」（『万葉のことばと四季』所収、角川書店）を、ぜひお読みいただきたいと思います。

第五章　ことばは国境を越える

古代を考えていると、洋の東西がほとんど同じであることによく出会います。落日信仰や宇宙水《うちゅうすい》、熊《くま》や狼《おおかみ》の名前などについて、そのグローバル性についてお話ししてきましたが、ここでは、よりことばの本質に即して、説明しておきたいと思います。

音には語感というものがあり、ハ行はゆらゆらと揺れる語感をもちます。はね、はらはら、はらう、ひらめく、ふる……。英語ではf音とかp音がそれにあたります。ひらひらと飛びまわる昆虫のチョウチョを何とよんだかというと、ギリシャ語では「プシュケー」。「プシュケー」とは蝶《ちょう》のことであり、魂のことでもあり、呼吸のことでもあります。もちろん今日も蝶との区別があいまいな蛾《が》も同類として考えます。

そして、その「プシュケー」のもとになったのは、サンスクリット語で「揺らぐ」という意味をもつ「ピル（pil）」ということばだとされます。蝶のことをフランス語では「パピヨン」、英語では「バタフライ」といいますが、これも「ピル」が「パピヨン」「フライ」へと変わったものといわれています。「ピル」から「フライ」へと、

p音からf音への交替が起きたのです。ちなみに、みなさんが使っている「フロッピー」も、「ピラピラしているもの」ということから名付けられたものですが、この「フロ」の語源を遡《さかのぼ》ると「ピル」になるといいます。

さて、翻《ひるがえ》って日本では、蝶のことをどうよんでいたのでしょう。「てふ」というのは、「蝶」の漢字音からきた外来語で、日本では、平安時代の十世紀に作られた辞書『倭名類聚鈔《わみょうるいじゅうしょう》』に「蛾」を「ひひる」といったとあります。また、十二世紀頃から十七世紀にかけての沖縄歌謡を集めた『おもろさうし』には、蝶をさす「はべる」ということばが残っています。

「ひひる」と「はべる」、これは同じことばです。古代人には古代人特有の発音があって、これらは「ぴぴる」「ぱべる」という発音だったのですが、このどちらも「ピル」に由来します。世界のことばは、すべてサンスクリット語から始まるという説さえありますが、まさにその一例がチョウチョのよび名です。

さて、その共通性は名前のみにとどまりません。サンスクリット語の「ピル」とは揺らぐもの、ギリシャ語の「プシュケー」は蝶、魂、呼吸を意味するといいましたが、日本でも、蝶は魂の化身です。

たとえば歌舞伎《かぶき》の曾我物《そがもの》で、曾我兄弟が敵討ちをして捕まり、殺される場面。曾我五郎が舞台に登場する時、必ずチョウチョの衣装をまとっています。チョウチョは怨《おん》霊《りょう》のシンボルとされ、「ごろう（五郎）」に「ごりょう（御霊）」をかけ、怨霊のシンボルであるチョウチョの着物を身につけるのです。また、日本のある地方では、葬式の時にチョウチョの模様の帯を締める風習があるといいます。

チョウチョが魂の化身であるという考え方も、日本とギリシャで共通し、その根底には、サンスクリット語の「揺らぐ」という意味があるのです。

ことばを生んできたのは、間違いなく人間です。それぞれの国、それぞれの文化・習慣のなかで暮らすことで、それぞれ特有の思想や感情をもつことはたしかです。その固有性は尊重するとして、これほどに共通した精神をもち、ことばを生んでいくことに、私は人間の普遍性を見る思いがします。人間の普遍性と、文化の固有性を見きわめることが大切でしょう。

あとがき

私は古典が好きで、よく読んだり学生に講義したりします。その時、十分ことばの説明をすると大いに共鳴してくれて、「先生、そのようなことがわかる本を教えてください」といわれます。「いや、ありません」と答えると、「それじゃ、早く先生が書いてください」と学生はいいます。

とくに、ブラジルで講義した時に、口をそろえてそういわれたのが、鮮烈な印象として残っています。

そんな、何十年にもわたる宿題の、ほんの一部が今、果たせたような気がします。とにかく、日本語をじっくりと根源まで下りていって考え、味わい、そのことばに込められた心の深さに触れる時の感動は、私が生涯の喜びとしてきたところでもあります。

この感動を人に語り、同じく生涯の喜びとしてほしいと思いつつ、ことは実行できないままに今日に至ってしまいましたが、意を決して、ほんの一部でも書物の形にすることができたのは、望外のしあわせです。

この書物への始動は、小学館出版局のチーフプロデューサー柳町敬直氏と歓談している時に生まれました。そして氏の推進力とともに、同社の土肥元子氏、神田暢子氏の絶大な協力を得て、出版に至りました。かれこれ一年を費やしたのは、わけのわからない私の考えを理解してもらうのに、時間がかかったからです。それも偏《ひとえ》に柳町氏の援助によるものです。

諸氏に心から謝意を表する次第です。

二〇〇三年　夏

解説

佐藤武義

最初に中西進氏の紹介を記す。昭和四年（一九二九）八月二一日、東京生まれ。東京大学大学院修了、文学博士。その後、多くの要職を歴任、現在日本ペンクラブ副会長、全国大学国語国文学会長、奈良県立万葉文化館長を勤め、文化功労者である。専門は上代日本文学、とくに『万葉集』の比較文学研究である。三三歳の昭和三八年に大著『万葉集の比較文学的研究』（桜楓社）を刊行し、一躍令名天下に知られるところとなり、この研究により昭和四五年第六〇回日本学士院賞を受賞した。業績は、主に万葉集関係の『中西進万葉論集』全八巻（講談社）、この論集に収められていない万葉集関係やその他を加えた『中西進著作集』全三六巻（四季社、現在刊行中）などが挙げられる。また小中学生のために「万葉みらい塾」を開き、自分の体系化した『万葉集』の魅力を教えている。

中西氏は、現在斯学《しがく》の権威として専門分野は言うに及ばず、広く日本文化に多くの発言をなしている。本書も上代日本文学の該博な知識を基本に据えて、日本語の多面性をまとめたものである。

日本語の多面性を知るために、中西氏は本来の日本語すなわち、やまとことばを解明の対象として選ぶことにした。その理由を中西氏は、「日本は歴史始まって以来、たくさんの外国語を受容してきたので、それらをごちゃまぜにして考えてみても、日本人の基本の考えは、出てこない」（「この本を読む人のために」）と考えたからである。そして、外国語を排除して、あとに残った語が本来の日本語・やまとことば（氏は「和語」を使用しない）であり、これを通して日本人の思考や感情を考えることが正当な分析の方法であると考えた。私も古代日本語の構造は教養語または文化語（大陸から移入された語）が上部の層を構成し、その下層に日本語本来の日常語という基層日本語（原日本語）が位置していると考えたことがある。中西氏のいう「本来の日本語」「やまとことば」とは、この基層日本語に該当するものである。しかし、中西氏はこの限定した語をストレートに受け入れるのではなく、なお入念に検討を加えて、「梅」のウメは「梅」の音バイが訛《なま》ったものであり、「けはひ」は「化粧」の訳語として生まれたもので、このような和語もどきの語も排除した残りの和語が対象になるとしている。

また、古代日本語を扱う場合、上代特殊仮名遣の母音の甲類と乙類との区別（同じ母音の一方の音がちょっとずれて発音される）を語源解明の手掛りにすることができるが、一般にその解明に甲類乙類の違いを厳密に適用する立場と、よりゆるやかに考える立場とがある。以前「神《かみ》（「み」が乙類）」の語源について、「上《かみ》（「み」が甲類）」という天上界にいる者だから「神《かみ》」の語源は「上《かみ》」であるという主張と、甲乙の区別を無視しているという主張とが言語学関係の雑誌に掲載され、大論争となったことがあったが、結局、結論はうやむやに終った記憶がある。

言語記号の役割は言語の違いを示すことが原則であるため、その違いを認めないことは言語記号が言語記号でなくなることを意味する。中西氏は、この甲乙の問題にかかわる語については「仲間ことば」という用語のもとに、「仲間ですから、当時の発音はほんのちょっとだけ違います」と述べ、甲乙の違いがあっても意味の近いものは同じ仲間内の語として扱おうとしている。「仲間」ということは、近い仲間もあろうし、遠い仲間もあろう。このような条件によって甲乙の違いを巧みに集約し、言語記号の違いをも生かすことを可能にしていると思う。以上の準備のもとに「漢字から日本語の意味を考えることをやめて、ひらがなでじっくり考えるようにしたいものです」と述べ、具体的な本来の日本語、すなわち和語の検討に入る。

本書は四つに大きく分かれている。目次を一見して明らかなことは、該当語は当然平仮名で記されていること、そして意味分野ごとに分けられていることである。和語を漢字で表記しないと主張したことは、表記された漢字の意味に惑わされて、本来和語が有している意味・用法を先入観なしに観察する力を鈍らせる危険性を避けなければならないという信念からである。換言すれば、和語をウブな形で邪念なく観察すべきであるという基本姿勢の表明でもある。

大枠の分類を言語学の用語に置きかえると、第一群「ひらがなでよめばわかる　自然界から生まれたことば」は「動植物・天象関係用語」、第二群「もう一度考えたいたましいと対話することば」は「人間関係用語」、第三群「知っていますか　日本人の考え方がわかることば」は「概念・心情関係用語」の分類になろう。この分類の下位分類として五六語類に分類し、そこに収められている語彙《ごい》を、比較検討することが容易であるように配慮されているのが特徴である。現代語ではこのような分類による語彙研究がさかんであるが、古代日本語という、日本語の出発点を中心に論じた例は少ない。

以上の条件のもとに、平仮名書きの和語の同音または近接音の語相互の比較を通し、その使用環境、文化的背景を十分に検討することによって、語の源流が推測できると考えた。

第一群第一章の「め」について、中西氏は「目はものを認識する器官ですね。そして耳は情報を受容する器官です」と述べ、「目《め》（乙類）」と「耳《みみ》（甲類）」は外界を認識・受容するための一貫した器官と考えている。理論上「目《め》」と「耳《みみ》」とが連続していることは、甲乙類が別にしても語源上、隣接関係にあることを示唆《しさ》し、身体語彙の構造研究に一石を投ずる発言であると思われる。また、この「目《め》」と植物の「芽《め》」も理論上語源が共通であるとし、顔面の中央に隆起している「鼻《はな》」も、物の先端の「端《はし》」や木の枝の端にある「葉《は》」とともに、これも理論上共通の語源から生成されたと述べていることは、納得のいく妥当な説と思われる。

第一群第三章の「ひ」について、中西氏は自論の「日《ひ》（甲類）」と「火《ひ》（乙類）」は「仲間ことば」として、当時の両者の発音がちょっと違うだけとして、その違いを『ひ（日）』とよんでいる天上の太陽が、地上に降りてきて明るく照らす『ひ（火）』となる、そんなニュアンスの違い」と述べ、傍証として国生み神話を引用して、イザナキとイザナミとの間に生まれた生誕譚として海の神・風の神・木の神などを生み、最後に「火の神」を生んだ系譜を挙げて、太陽（「日《ひ》」）が地上の「火《ひ》」になったという神話を紹介し、言語上と神話上から合理的に「日《ひ》」と「火《ひ》」が同系列にあることを示し、この二語を峻別《しゅんべつ》することをせずに「仲間ことば」として扱えると考えている。「日《ひ》」「火《ひ》」の甲類乙類の別を右のような論理で止揚したところに説得力がある。しかし、氏が「系譜」と述べていることは、系列としての前後関係があることであり、そこに一抹の不安が残るように思われる。

四季の語源について中西氏は「春《はる》」は「晴《は》る」「墾《は》る」「祓《はら》ふ」「原《はら》」の「は」、「秋《あき》」は「飽《あ》き」「明《あき》らか」「著《あき》らか」等の「あ」の意味の検討によって語源を考えているが、いずれも妥当な説と思われる。「冬《ふゆ》」は「震えるほど寒い」季節であるところから「振《ふ》ゆ」が「冬」の語源と関係があろうとする説は、語源を同一または近似の語を収集して比較検討することが有効であるとする発想によってはじめて生まれた魅力的な説と考えられる。「夏《なつ》」は「熱《あ》つ」説との関係を紹介していて、私は代案を有していないが、「熱《あ》つ」説は保留したいところである。第二群第一章の「いきる」も、「生《い》く」「忌《い》む」「息《いき》」「命《いのち》」と、共通の「い」を持つ語を列挙することによって、一瞥《いちべつ》語源を共通にしていることが納得できる。

同じく第二章の「つみ　とが」について、「咎《とが》」と同じ「と」を含む語の「咎《とが》める」「鋭《と》がる」「研《と》ぐ」を提示し、母音交替形の「棘《とげ》」を加えることによって、「とが」の意味が「指に刺さる棘のように、社会に『とげ』を刺すもの、社会の調和を乱すもの、集団性を破壊するもの」であると定義し、「日本人がもっている独特の調和の精神が前提となって、このようなことを戒めてきたのでしょう」と何気なく古代日本人の生活、文化的背景を述べながら、古代日本語の成立を巧みに浮かびあがらせるような工夫がなされている。「つみ」は「紡《つむ》ぐ」や「積《つ》む」の仲間語として堆積《たいせき》したり、縒《よ》り合わさったりして集まったものであるとの推測によるのである。ただし、堆積する意の「積《つ》む」と縒り合わさる「紡《つむ》ぐ」との語義区分が語源を共通とするにはまだ検討の余地があるように思われる。また、第三群第一章の「とこ　つね」において、「床《とこ》」は永遠に続く空間であり、「常《とこ》」は永遠に続く意であり、この二語は語源上仲間語(いずれも乙類の語)と考えて、「とこ」の語頭音の交替形が「つね」で、「とこ」の永遠性に対して「つね」は不変を表すことになり、母音交替現象に語義差を鋭く見極めたのである。

中西氏は、同一音形の語の収集とその検討が、語源ならびに語彙構造の解明にいかに有効であるかを本書において実践したのである。

中西氏はさらに、同じ音形語、近接の語を求めて語源を考える方法を基本としながらも、一方では類義語によってその語義特徴を明らかにしようとしている。第一群第一章の「体《からだ》」と「身《み》」との意味差を語源を考慮して述べている。「からだ」は幹の意の「から」に接尾語「だ」を加えた語で、具体的な肉体・骨格を意味し、一方「み」は語源上「果実の実《み》」の「実《み》」と共通し、肉体の中味・内容と考え、「精神的で象徴的な存在」としている。「からだ」と「み」の意味上の違いを語源の違いに従って、肉体の外的な様相と内的な様相とに明確に分けているのが注目される。第二群第三章の「いえやど」について、「いえ（古語いへ）」は、神聖な意を表す「い」とあたりという場所を表す「へ」の合成語で、精神的で神聖な所、「やど」は「屋《や》」と「所《ところ》」の「と」を合成した物質的な構成物として区別する。第三群第一章の「もの」についても、その用法を検討し、「すべてのものの本質として存在しているもの」とし、類義の「しな」も「森羅万象の『もの』を、個々の物体の『もの』へと仕分けて」区別する語が「しな」と考えている。これも類義語相互の比較によって語義差が明確に判断できるようになったものである。

また、語義の吟味を通して得られた語として「血《ち》」に関する語を挙げている。「血《ち》」は動物が生きるための根源であるとし、かつ不思議な霊力のあるものでもあると語義を捉え、「ちから（力）」「いかづち（雷）」の「ち」は、「血」を語源としているという新見を示している。

最後の第四群「誤解していませんか　日本語の基本ルール」は、中西氏の「本来の日本語」すなわちやまとことば（和語）の本質的な働きのまとめとなっている。すでに紹介した事項もあるが重複をいとわず示すと、その骨子は以下のようになる。㈠和語の中に秘《ひそ》む漢語の要素を見出し、それを和語から排除し、㈡上代日本語に現れている母音の甲類乙類の区別による語源の峻別ではなく、「仲間ことば」として包括的に柔軟に扱うことが必要である。そうすれば、㈢日本語が豊かな意味内容を含んでいることが過不足なく知られ、㈣いわゆる日本語はあいまいな言語だという言説があるが、そうではなく、日本語は日本語としての論理を明確に表していた言語であると理解できる。日本語をこのように理解すれば、㈤それぞれの言語はそれぞれの固有の文化・習慣を示す固有性を具《そな》えている一方、共通した精神を有し、それでもって、ことばを生んでいく人間としての普遍性を有している、日本語は特殊な言語であると考える必要はないとまでは明言はしていないが、日本語の普遍性と固有性のいずれをも偏《かたよ》らず見きわめることが大切であると、中西氏は考えているのである。

中西氏の柔軟性のある、偏頗《へんぱ》でない発言は、日本語の歴史を考える場合、基本的に留意しておかねばならない発言である。そして、言葉は歴史的所産であることを考慮し、中古以降の日本語の変遷《へんせん》をたどるためには、その後の音形やアクセントの有り方などを加味しておくことによって、日本語とくに和語の動態を如実《にょじつ》に歴史の上に現出させることができるものと思う。

（平成二〇年四月、東北大学名誉教授）

この作品は平成十五年七月小学館より刊行された『ひらがなでよめばわかる日本語のふしぎ』を改題し、加筆訂正を加えた。

藤原正彦著

若き数学者のアメリカ

一九七二年の夏、ミシガン大学に研究員として招かれた青年数学者が、自分のすべてをアメリカにぶつけた、躍動感あふれる体験記。

藤原正彦著

数学者の言葉では

苦しいからこそ大きい学問の喜び、父・新田次郎に励まされた文章修業、若き数学者が真摯な情熱とさりげないユーモアで綴る随筆集。

藤原正彦著

数学者の休憩時間

「正しい論理より、正しい情緒が大切」。数学者の気取らない視点で見た世界は、プラスもマイナスも味わい深い。選りすぐりの随筆集。

藤原正彦著

遥かなるケンブリッジ
―一数学者のイギリス―

「一応ノーベル賞はもらっている」こんな学者が闊歩する伝統のケンブリッジで味わった波瀾の日々。感動のドラマティック・エッセイ。

藤原正彦著

父の威厳　数学者の意地

武士の血をひく数学者が、妻、育ち盛りの三人息子との侃々諤々の日常を、冷静かつホットに描ききる。著者本領全開の傑作エッセイ集。

藤原正彦著

心は孤独な数学者

ニュートン、ハミルトン、ラマヌジャン。三人の天才数学者の人間としての足跡を、同じ数学者ならではの視点で熱く追った評伝紀行。

柳田国男著
遠野物語
日本民俗学のメッカ遠野地方に伝わる民間伝承、異聞怪談を採集整理し、流麗な文体で綴る。著者の愛と情熱あふれる民俗洞察の名著。

柳田国男著
日本の伝説
かつては生活の一部でさえありながら今は語り伝える人も少なくなった伝説を、全国から採集し、美しい文章で世に伝える先駆的名著。

柳田国男著
日本の昔話
「藁しべ長者」「聴耳頭巾」――私たちを育んできた昔話の数々を、民俗学の先達が各地から採集して美しい日本語で後世に残した名著。

松本修著
全国アホ・バカ分布考
―はるかなる言葉の旅路―
アホとバカの境界は？　素朴な疑問に端を発し、全国市町村への取材、古辞書類の渉猟を経て方言地図完成までを描くドキュメント。

丸谷才一著
笹まくら
徴兵を忌避して逃避の旅を続ける男の戦時中の内面と、二十年後の表面的安定の裏のよるべない日常にさす暗影――戦争の意味を問う。

森本哲郎著
日本語 表と裏
どうも、やっぱり、まあまあ――私たちが使う日本語は、あいまいな表現に満ちている。言葉を通して日本人の物の考え方を追求する。

河合隼雄
吉本ばなな著
なるほどの対話

個性的な二人のホンネはとてつもなく面白く、ふかい！　対話の達人と言葉の名手が、自分のこと、若者のこと、仕事のことを語り尽す。

よしもとばなな著
どんぐり姉妹

姉はどん子、妹はぐり子。たわいない会話に命が輝く小さな相談サイトの物語。メールに祈りを乗せて、どんぐり姉妹は今日もゆく！

米原万里著
不実な美女か貞淑な醜女か
読売文学賞受賞

瞬時の判断を要求される同時通訳の現場は、緊張とスリルに満ちた修羅場。そこからつぎつぎ飛び出す珍談・奇談。爆笑の「通訳論」。

米原万里著
魔女の1ダース
―正義と常識に冷や水を浴びせる13章―
講談社エッセイ賞受賞

魔女の世界では、「13」が1ダース⁉　そう、世界には我々の知らない「常識」があるんです。知的興奮と笑いに満ちた異文化エッセイ。

養老孟司著
かけがえのないもの

何事にも評価を求めるのはつまらない。何が起きるか分からないからこそ、人生は面白い。養老先生が一番言いたかったことを一冊に。

養老孟司著
養　老　訓

長生きすればいいってものではない。でも、年の取り甲斐は絶対にある。不機嫌な大人にならないための、笑って過ごす生き方の知恵。

養老孟司著
養老孟司特別講義
手入れという思想

手付かずの自然よりも手入れをした里山にこそ豊かな生命は宿る。子育てだって同じこと。名講演を精選し、渾身の日本人論を一冊に。

嵐山光三郎著
文人悪食

漱石のビスケット、鷗外の握り飯から、太宰の鮭缶、三島のステーキに至るまで、食生活を知れば、文士たちの秘密が見えてくる——。

井上ひさし著
ブンとフン

フン先生が書いた小説の主人公、神出鬼没の大泥棒ブンが小説から飛び出した。奔放な空想奇想が痛烈な諷刺と哄笑を生む処女長編。

井上ひさし著
私家版日本語文法

一家に一冊話題は無限、あの退屈だった文法いまいずこ。日本語の豊かな魅力を爆笑と驚愕のうちに体得できる空前絶後の言葉の教室。

井上ひさし著
自家製文章読本

喋り慣れた日本語も、書くとなれば話が違う。名作から広告文まで、用例を縦横無尽に駆使して説く、井上ひさし式文章作法の極意。

井上ひさしほか著
文学の蔵編
井上ひさしと141人の仲間たちの作文教室

原稿用紙の書き方、題のつけ方、そして中身は自分の一番言いたいことをあくまで具体的に——文章の達人が伝授する作文術の極意。

柳田邦男著
言葉の力、生きる力
たまたま出会ったひとつの言葉が、魂を揺さぶり、絶望を希望に変えることがある――日本語が持つ豊饒さを呼び覚ますエッセイ集。

深田久弥著
日本百名山
読売文学賞受賞
旧い歴史をもち、文学に謳われ、独自の風格をそなえた名峰百座。そのすべての山頂を窮めた著者が、山々の特徴と美しさを語る名著。

梅原猛著
隠された十字架
―法隆寺論―
毎日出版文化賞受賞
法隆寺は怨霊鎮魂の寺！　大胆な仮説で学界の通説に挑戦し、法隆寺に秘められた謎を追い、古代国家の正史から隠された真実に迫る。

梅原猛著
水底の歌
―柿本人麿論―
大佛次郎賞受賞（上・下）
柿本人麿は流罪刑死した。千二百年の時空を飛翔して万葉集に迫り、正史から抹殺された古代日本の真実をえぐる梅原日本学の大作。

梅原猛著
葬られた王朝
―古代出雲の謎を解く―
かつて、スサノオを開祖とする「出雲王朝」がこの国を支配していた。『隠された十字架』『水底の歌』に続く梅原古代学の衝撃的論考。

岡本太郎著
青春ピカソ
20世紀の巨匠ピカソに、日本を代表する天才岡本太郎が挑む！　その創作の本質について熱い愛を込めてピカソに迫る、戦う芸術論。

養老孟司
宮崎　駿　著

虫眼とアニ眼

「一緒にいるだけで分かり合っている」間柄の二人が、作品を通して自然と人間を考え、若者への思いを語る。カラーイラスト多数。

河合隼雄ほか著

こころの声を聴く
―河合隼雄対話集―

山田太一、安部公房、谷川俊太郎、白洲正子、沢村貞子、遠藤周作、多田富雄、富岡多恵子、村上春樹、毛利子来氏との著書をめぐる対話集。

河合隼雄著

こころの処方箋

「耐える」だけが精神力ではない、「理解ある親」をもつ子はたまらない――など、疲弊した心に、真の勇気を起こし秘策を生みだす55章。

河合隼雄著

いじめと不登校

個性を大事にしようと思ったら、ちょっと教えるのをやめて待てばいいんです――この困難な時代に、今こそ聞きたい河合隼雄の言葉。

茂木健一郎
河合隼雄　著

こころと脳の対話

人間の不思議を、心と脳で考える……魂の専門家である臨床心理学者と脳科学の申し子が、箱庭を囲んで、深く真摯に語り合った――。

河合隼雄著

こころの最終講義

「物語」を読み解き、日本人のこころの在り処に深く鋭く迫る河合隼雄の眼……伝説の京都大学退官記念講義を収録した貴重な講義録。

阿刀田高著　ギリシア神話を知っていますか

この一冊で、あなたはギリシア神話通になれる！　多種多様な物語の中から著名なエピソードを解説した、楽しくユニークな教養書。

阿刀田高著　旧約聖書を知っていますか

預言書を競馬になぞらえ、全体像をするめにたとえ――「旧約聖書」のエッセンスのみを抽出した阿刀田式古典ダイジェスト決定版。

阿刀田高著　新約聖書を知っていますか

マリアの処女懐胎、キリストの復活、数々の奇蹟……。永遠のベストセラーの謎にミステリーの名手が迫る、初級者のための聖書入門。

阿刀田高著　シェイクスピアを楽しむために

読まずに分る〈アトーダ式〉古典解説シリーズ第七弾。今回は『ハムレット』『リア王』などシェイクスピアの11作品を取り上げる。

阿刀田高著　コーランを知っていますか

遺産相続から女性の扱いまで、驚くほど具体的にイスラム社会を規定するコーランも、アトーダ流に嚙み砕けばすらすら頭に入ります。

阿刀田高著　源氏物語を知っていますか

原稿用紙二千四百枚以上、古典の中の古典。あの超大河小説『源氏物語』が読まずにわかる！　国民必読の「知っていますか」シリーズ。

小澤征爾著 ボクの音楽武者修行

〝世界のオザワ〟の音楽的出発はスクーターでのヨーロッパ一人旅だった。国際コンクール入賞から名指揮者となるまでの青春の自伝。

小澤征爾
武満徹著 音楽

音楽との出会い、恩師カラヤンやストラヴィンスキーのこと、現代音楽の可能性――日本を代表する音楽家二人の鋭い提言。写真多数。

小澤征爾
村上春樹著 小澤征爾さんと、音楽について話をする
小林秀雄賞受賞

音楽を聴くって、なんて素晴らしいんだろう……世界で活躍する指揮者と小説家が、「良き音楽」をめぐって、すべてを語り尽くす！

群ようこ著 鞄に本だけつめこんで

本さえあれば、どんな思い出だって笑えて愛おしい。安吾、川端、三島、谷崎……名作とともにあった暮らしをつづる名エッセイ。

江戸家魚八著 魚へん漢字講座

鮪・鰈・鮎・鯒――魚へんの漢字、どのくらい読めますか？ 名前の由来は？ 調理法は？ お任せください。これ1冊でさかな通。

金田一春彦著 ことばの歳時記

深い学識とユニークな発想で、四季折々のことばの背後にひろがる日本人の生活と感情、歴史と民俗を広い視野で捉えた異色歳時記。

円城塔著

これはペンです

姪に謎を掛ける文字になった叔父。脳内の仮想都市に生きる父。芥川賞作家が書くこと読むことの根源へと誘う、魅惑あふれる物語。

円城塔著

文字渦

川端康成文学賞・日本SF大賞受賞

文字同士が闘う遊戯、連続殺「字」事件の奇妙な結末、短編の間を旅するルビ……。全12編の主役は「文字」、翻訳不能の奇書誕生。

松本創著

軌道

―福知山線脱線事故
JR西日本を変えた闘い―

講談社 本田靖春ノンフィクション賞受賞

「責任追及は横に置く。一緒にやらないか」。事故で家族を失った男が、欠陥を抱える巨大組織JR西日本を変えるための闘いに挑む。

塩野七生著

愛の年代記

欲望、権謀のうず巻くイタリアの中世末期からルネサンスにかけて、激しく美しく恋に身をこがした女たちの華麗なる愛の物語9編。

塩野七生著

マキアヴェッリ語録

浅薄な倫理や道徳を排し、現実の社会のみを直視した中世イタリアの思想家・マキアヴェッリ。その真髄を一冊にまとめた箴言集。

塩野七生著

想いの軌跡

地中海の陽光に導かれ、ヨーロッパに渡ってから半世紀――。愛すべき祖国に宛てた手紙ともいうべき珠玉のエッセイ、その集大成。

新潮文庫編 文豪ナビ 山本周五郎

乾いた心もしっとり。涙と笑いのツボ押し名人――現代の感性で文豪作品に新たな光を当てた、驚きと発見がいっぱいの読書ガイド。

新潮文庫編 文豪ナビ 芥川龍之介

カリスマシェフは、短編料理でショーブする――現代の感性で文豪の作品に新たな光を当てる、驚きと発見に満ちた新シリーズ。

新潮文庫編 文豪ナビ 川端康成

ノーベル賞なのにィこんなにエロティック？――現代の感性で文豪の作品に新たな光を当てた、驚きと発見が一杯のガイド。全7冊。

新潮文庫編 文豪ナビ 谷崎潤一郎

妖しい心を呼びさます、アブナい愛の魔術師――現代の感性で文豪作品に新たな光を当てた、驚きと発見がいっぱいの読書ガイド。

新潮文庫編 文豪ナビ 太宰治

ナイフを持つまえに、ダザイを読め!! 現代の感性で文豪の作品に新たな光を当てた、驚きと発見が一杯の新読書ガイド。全7冊。

新潮文庫編 文豪ナビ 夏目漱石

先生ったら、超弩級のロマンティストだったのね――現代の感性で文豪の作品に新たな光を当てる、驚きと発見に満ちた新シリーズ。

新潮文庫最新刊

サガン
河野万里子訳
ブラームスはお好き

パリに暮らすインテリアデザイナーのポールは39歳。長年の恋人がいるが、美貌の青年に求愛され――。美しく残酷な恋愛小説の名品。

S・ボルトン
川副智子訳
身代りの女

母娘3人を死に至らしめた優等生6人。ひとり罪をかぶったメーガンが、20年後、5人の前に現れる……。予測不能のサスペンス。

磯部　涼　著
令和元年のテロリズム

令和は悪意が増殖する時代なのか？　祝福されるべき新時代を震撼させた5つの重大事件から見えてきたものとは。大幅増補の完全版。

島田潤一郎著
古くてあたらしい仕事

「本をつくり届ける」ことに真摯に向き合い続けるひとり出版社、夏葉《なつは》社《しゃ》。創業者がその原点と未来を語った、心にしみいるエッセイ。

小林照幸著
死の貝
―日本住血吸虫症との闘い―

腹が膨らんで死に至る――日本各地で発生する謎の病。その克服に向け、医師たちが立ちあがった！　胸に迫る傑作ノンフィクション。

野澤亘伸著
絆
―棋士たち　師弟の物語―

伝えたのは技術ではなく勝負師の魂。7組の師匠と弟子に徹底取材した本格ノンフィクション。杉本昌隆・藤井聡太の特別対談も収録。

ひらがなでよめばわかる日本語《にほんご》

新潮文庫　な－64－1

平成二十年六月一日 発行
令和六年五月二十五日 七刷

著者　中《なか》西《にし》進《すすむ》
発行者　佐藤隆信
発行所　株式会社 新潮社

郵便番号 一六二―八七一一
東京都新宿区矢来町七一
電話 編集部(〇三)三二六六―五四四〇
読者係(〇三)三二六六―五一一一
https://www.shinchosha.co.jp

価格はカバーに表示してあります。
乱丁・落丁本は、ご面倒ですが小社読者係宛ご送付ください。送料小社負担にてお取替えいたします。

印刷・錦明印刷株式会社　製本・株式会社植木製本所

ISBN978-4-10-134851-3 C0181